SPC그룹

인적성검사

PREFACE

우리나라 기업들은 1960년대 이후 현재까지 비약적인 발전을 이루었다. 이렇게 급속한 성장을 이룰 수 있었던 배경에는 우리나라 국민들의 근면성 및 도전정신이 있었다. 그러나 빠르게 변화하는 세계 경제의 환경에 적응하기 위해서는 근면성과 도전정신 이외에 또 다른 성장 요인이 필요하다.

한국기업들이 지속가능한 성장을 하기 위해서는 혁신적인 제품 및 서비스 개발, 선도 기술을 위한 R&D, 새로운 비즈니스 모델 개발, 효율적인 기업의 합병·인수, 신사업 진출 및 새로운 시장 개발 등 다양한 대안을 구축해 볼 수 있다. 하지만, 이러한 대안들 역시 훌륭한 인적자원을 바탕으로 할 때에 가능하다. 최근으로 올수록 기업체들은 자신의 기업에 적합한 인재를 선발하기 위해 기존의 학벌 위주의 채용을 탈피하고 기업 고유의 인·적성검사 제도를 도입하고 있는 추세이다.

SPC그룹에서도 업무에 필요한 역량 및 책임감과 적응력 등을 구비한 인재를 선발하기 위하여 고유의 인적성검사를 치르고 있다. 본서는 SPC그룹 채용대비를 위한 필독서로 SPC그룹 인적성검사의 출제경향을 철저히 분석하여 응시자들이 보다 쉽게 시험유형을 파악하고 효율적으로 대비할 수 있도록 구성하였다.

신념을 가지고 도전하는 사람은 반드시 그 꿈을 이룰 수 있습니다. 처음에 품은 신념과 열정이 취업 성공의 그 날까지 빛바래지 않도록 서원각이 수험생 여러분을 응원합니다.

STRUCTURE

직무적성검사

다양한 유형의 출제예상문제를 다수 수록하여 실전에 완벽하게 대비할 수 있습니다.

상세한 해설

문제의 핵심을 꿰뚫는 명쾌하고 자세한 해설로 수험생들의 이해를 돕습니다.

인성검사 및 면접

인성검사를 대비하기 위해 인성검사의 개요 및 실전 인성검사를 수록하였고, 성공취업을 위한 면접의 기본과 면접기출을 수록하여 취업의 마무리까지 깔끔하게 책임집니다.

CONTENTS

PART

I

SPC그룹 소개

01 기업소개

1 상미당 정신

가장 맛있고 건강한 빵으로 세상을 행복하게 만들겠다는 SPC그룹의 꿈은 삼립식품의 창업자 초당 허창성 명예회장이 1945년 황해도 옹진에 문을 연 작은 제과점 '상미당(賞美堂)'에서 시작되었다. 제과제빵을 천직으로 여기며, 최고의 빵을 만들기 위해 단 하나의 빵도 소홀히 하지 않던 상미당 정신은 70년이 지난 오늘날까지 이어지고 있다.

① 품질과 고객에 대한 상미당 정신 ⋯ 빵을 수백만 개 만들어도 고객은 빵 하나로 평가한다.

② 상생과 나눔에 대한 상미당 정신 ⋯ 빵을 나누면 끼니가 되지만, 만드는 기술을 나누면 꿈이 된다.

2 SPC WAY

SPC WAY는 SPC가 글로벌 100년 기업으로 나아가기 위해 상미당 정신으로부터 계승·발전된 전 임직원의 일하는 방식과 사고의 구심점이다.

① 경영철학 ⋯ 최고의 품질과 고객중심, 창의적 도전으로 세상을 행복하게 한다.
경영철학은 최고경영자의 신념이자 우리 그룹의 존재 이유이다. SPC그룹은 창의적 도전정신을 바탕으로 맛있고 건강한 제품을 통해 언제나 고객의 행복과 함께 하겠다.

② 비전 ⋯ GREAT FOOD COMPANY
SPC그룹의 비전은 전 세계인에게 존경받고 지속 성장 가능한 경쟁력을 갖춘 글로벌 종합 식품기업이 되는 것이다.

③ 핵심가치
　⊙ 정직(Integrity) : 우리는 기본에 충실하며 올바르게 행동한다.
　ⓒ 혁신(Innovation) : 우리는 변화를 추구하며 열정적으로 도전한다.
　ⓒ 협업(Integration) : 우리는 다양성을 존중하며 유기적으로 협력한다.

① 식품

　㉠ SPC 삼립 : SPC 삼립은 1945년 상미당으로 출발한 SPC그룹의 반세기 넘는 역사와 전통을 이어온 기업으로서, 73년 동안 누구에게나 친숙한 수많은 히트 제품을 선보이며 제빵 산업의 발전을 이끌고 국민 식생활 개선에 이바지해 왔다. 대표 브랜드로 Samlip, 빚은 등이 있다.

　㉡ 파리크라상 : 파리크라상은 1986년 설립과 함께 차별화된 유럽풍 베이커리 문화를 선보이며 국내 베이커리 산업의 변화와 발전을 선도해왔다. 대표 브랜드로 파리크라상, 파리바게트, 파스쿠치 등이 있다.

　㉢ 비알코리아 : 비알코리아는 1985년 SPC그룹과 세계적인 식품그룹 던킨브랜즈의 합작투자로 설립되었다. 대표 브랜드로 배스킨라빈스, 던킨도너츠 등이 있다.

　㉣ 타이거인터내셔날 : 타이거인터내셔날은 1999년 설립된 SPC의 와인 전문 수입 계열사로, 프랑스의 보석 같은 유기농 와인들을 중심으로 다양한 와인을 수입하고 있다.

② 원료

　㉠ SPL : 2004년 설립된 SPL은 경기도 평택에 최첨단 설비와 식품 안전 시스템을 갖춘 아시아 최대 규모의 베이커리 생산 공장을 운영한다.

　㉡ SPC PACK : 고품질 연포장재 생산업체 SPC PACK은 1970년에 설립된 이래, 폴리백, 에어백, 발포백(라미백), 발포롤, 완충제, PP원단롤 등 다양한 연포장재를 생산, 공급하고 있다.

③ IT / 서비스

　㉠ SPC클라우드 : 2000년 출시된 SPC 그룹의 통합 멤버십 서비스인 해피포인트를 운영하고 있으며, 2011년 해피포인트 앱을 출시하여 독자적인 모바일 플랫폼을 구축하였다.

　㉡ SPC네트웍스 : 풍부한 경험을 가진 전문 인력을 바탕으로 금융 서비스와 ITO 서비스 부분에서 다양한 노하우를 축적하고, 이를 바탕으로 차별화 및 고도화된 ICT 서비스를 제공하고 있다.

　㉢ SPC캐피탈 : SPC캐피탈은 2007년부터 프랜차이즈 가맹점주를 대상으로 시중보다 저렴한 금리로 신규 점포 창업자금과 기존 점포 운영자금을 지원하고 있다.

④ 유통(SPC GFS) ⋯ SPC GFS는 70여 년 동안 좋은 제품과 서비스로 소비자와 함께해 온 삼립식품이 새롭게 출범시킨 글로벌 식품전문 기업이다. 국내에서 많은 사랑을 받았던 외식, 식품 유통의 노하우를 바탕으로 세계 시장에 진출하여, 높은 수준의 경쟁력을 갖춰가고 있다.

02 채용안내

1 인재상

SPC Way 를 실천하고 현장 중심의 실행력과 전문성을 갖춘 'SPC형 인재'

① Integrity(정직) ··· 우리는 기본에 충실하며 올바르게 행동한다.

② Innovation(혁신) ··· 우리는 변화를 추구하며 열정적으로 도전한다.

③ Integration(협업) ··· 우리는 다양성을 존중하며 유기적으로 협력한다.

2 채용 프로세스

① 공채 ··· 그룹주관으로 진행하는 대졸신입공채(상/하반기)

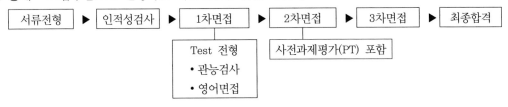

② 수시 ··· 사별주관으로 사무직종을 대상으로 진행하는 신입/경력 채용

③ 현장직

3 SPC직무소개

① Sales

　㉠ 프랜차이즈 영업
- 가맹/직영SV : 점포운영 관리, 매출/손익관리, 시장조사, 프로모션, 품질 및 위생관리
- 점포운영 : 점포운영 관리, 매출 및 손익분석, 제품 주문 및 재고관리, 점포인원 관리, 고객관리
- 점포지원 : 신규점 오픈 행사지원, 오픈 관련 교육, 점포순회 점검
- SI(점포인테리어) : 점포 인테리어 상담, 실측 및 도면작성, 업체 선정, 공사진행, 사후관리

　㉡ 영업
- 유통영업 : 영업기획, 매출/판매관리, 미수관리, 손익관리, 고객관리
- 시판영업 : 판매목표 설정, 조직증설 및 신규계약, 행사관리, 비용관리
- 특수영업 : 사업 및 예산계획, 입찰참여 관리, 거래처 관리, 채권관리, 신규 거래처 개발
- 해외영업 : 신규 품목 수출 , 거래처 주문 처리, 신제품 개발 의뢰, 클레임 처리, 매출 및 미수관리

　㉢ 영업지원
- 영업기획 : 영업전략 수립, 영업제도 관리, 영업관련 회의 운영
- 영업지원 : 매출 및 실적 관리, 비용관리, 미수관리
- 점포개발 : 신규 직영/가맹점 개발, 상권조사, 컨셉션 개발

　㉣ 점포제조관리
- 점포제조기획 : 인력현황/수급 관리, 비용 관리, 점포제조직 업무 평가, 협력사 관리, 현장지원 업무
- 점포제조관리 : 점포제조 품질평가, 점포 모니터링, 점검현황 관리

② Marketing

　㉠ 마케팅
- 마케팅지원 : 국내외 시장 조사, 온/오프라인 소비자 모니터링, 트렌드 현황파악/분석, 예산관리
- 브랜드전략 : 브랜딩 전략기획, CI 개발 및 관리, 브랜드 효율화, 미디어 및 광고 관리
- 광고/프로모션 : 광고 전략, 광고 제작/집행, 판촉물 행사 기획·실행 제휴 프로모션 기획 및 실행
- 상품기획 : 신제품 기획/출시, 신제품 관리, 프로모션, 제품관리, 시장조사, 시즌 이벤트 상품 기획

　㉡ 디자인
- 디자인 : 패키지 디자인, 홍보물 디자인, 소모품 디자인, 신규업체 발굴

- 인테리어 : 점포 인테리어 디자인, 컨셉션 및 전시사업 디자인, 디자인 리서치
- VMD : 집기 및 소모품 관리, 시즌 별 매장 연출, VM Manual 제작

③ Production

㉠ 생산관리
- 생산기획 : 생산계획, 원가계획, 생산혁신활동
- 생산관리 : 생산실적관리, 공정관리, 생산인원 관리, 생산장비 관리, ERP 관리

㉡ 품질 : 생산계획, 원가계획, 생산혁신활동

㉢ 물류
- 물류기획 : 통합물류 전략 수립/실행, 통합물류 IT시스템 구축, 3PL 운영, 표준화
- 물류운영 : 물류기획, 출하관리, 반품관리, 수불관리, 수배송관리, 차량관리
- 자재관리 : 입고관리, 재고관리, 출고관리, 창고관리, 실사관리
- 주문관리 : 거래처 주문관리, 공장 간 및 OEM 주문관리, 실적 및 자료관리

㉣ 공무 : 신규 설비 투자관리, 전기/기계/설비/환경시설 관리, 기타 공무 활동

④ R & D

㉠ 연구
- 소재연구 : 미생물 연구, 천연 소재 개발 연구, 성분분석 연구
- 분석연구 : 성분분석 연구, 응용 연구, 건강기능 연구, 공정 연구

㉡ 제품개발 : 제품개발 관련 정보 수집, 신제품 개발, 현장 적용, 신제품 관련 기술교육, 품질점검 및 사후관리

㉢ 연구지원
- 연구지원 : 연구소 사업계획 수립, 제품실적관리, 예산관리, 원재료 관리 및 관련 정보 수집
- 관능평가연구 : 제품 표준화, 관능품질조사, 소비자 대상 맛 Survey, 관능검사실 관리, 매장 별 제품차이 조사

⑤ Support

㉠ PR
- 홍보 : 홍보기획, 홍보활동 및 지원, 사내홍보, 온라인 홍보
- 사회공헌 : 행복한 재단 운영, 프로젝트 사업, 사회공헌 활동 지원, 대외 홍보
- 대외협력 : 정책기획, 이해관계자 관계 구축, Risk Management

㉡ 인사/총무
- 인사 : HR제도 기획 및 전략수립, 평가/보상/인력 관리, 인사행정
- 노무 : 노무기획, 노무 인사행정, 노사협력체계 구축, 도급 및 파견근로자 관리
- 교육 : 교육기획, 교육체계 및 과정개발, 교육제도 운영

- 총무 : 복리후생제도 운영, 문서 관리, 행사기획 및 운영, 고정자산 관리, 기타 업무지원
- 비서 : 의전관리, 수명업무, 문서관리

ⓒ 구매
- 구매기획 : 구매계획 수립 및 실행, 시스템 운영, 구매프로세스 개선, 원가관리
- 구매 : 단가 관리, 계약 및 발주, 구매 실행
- 수출입통관 : 무역업무, 무역외 행정업무, 해외법인 수출업무

ⓔ 재경
- 재무 : 자금기획, 자금운용, 출납 및 정산업무, 외환관리
- 회계 : 관리회계, 예산/결산업무, 세무업무, 회계시스템 개선, 채권/채무관리

ⓜ IT
- IT기획 : IT 전략 수립, 정보화 기반 구축, IT 자산 관리, 정보보안
- IT운영 : 시스템 운영, 데이터베이스 관리, 네트워크 관리

ⓗ 해외사업
- 해외사업전략 : 해외사업 확장전략, 해외사업 정보 수집/분석, 해외사업 타당성 조사
- 해외사업지원 : 해외사업 Infra 개선, 해외법인관리, 해외사업지원

ⓢ 식품안전관리
- 산업안전관리 : 안전점검, 업무 표준화, 안전 활동
- 식품안전점검 : 국내외 식품안전점검, 결과관리 및 개선활동
- 식품안전평가 : 위해관리, 위생관리, 점검 및 분석 지원, 해외사업 지원
- 식품안전기획 : 식품안전 정보관리, 정책관리, 리스크 예방, 인증업무지원

ⓞ 법무 : 법률 리스크 관리, 현업 법률 자문, 소송 관리, 계약 관리, 제도관리, 감독기관 대응

ⓩ 감사 : 내/외부감사, 상시 감사체계 마련, 윤리경영 전파 및 교육

ⓒ 경영기획
- 전략기획 : 경영전략 수립, 비전 및 전략 공유, 기업정보 조사 및 분석
- 신사업 : 신사업 기획, 신사업 개발 및 세부 실행안 수립, 신사업 지원

ⓚ 경영관리
- 경영관리 : 원가관리, 손익관리, 예산관리, 투자관리, Consensus 회의운영
- 경영혁신 : 임직원 소통 관리, 경영실적 분석, 경영효율화, 조직혁신

ⓣ 고객서비스
- CS관리 : CS 운영계획 수립 및 운영, VOC 연구, VOC 관리
- 고객지원 : 클레임 대응방안 수립, 고객클레임 방문 처리
- 고객상담 : 고객클레임 유선/Web 상담

03 관련기사

SPC그룹, 전국 사업장에서 추석 맞이 사회공헌활동

– 전국 9개 사업장 인근 13개 복지기관에서 진행
– 송편빚기 등 봉사활동, 제품과 후원금 전달

SPC그룹은 추석을 맞아 전국 사업장에서 인근 복지기관과 함께 사회공헌활동을 진행했다고 6일 밝혔다.

이번 명절행사는 ㈜파리크라상, ㈜SPC삼립, 비알코리아㈜ 등 SPC그룹 계열사의 전국 9개 사업장에서 근무하는 임직원 100여명이 참여한 가운데 인근 13개 복지기관에서 진행됐다.

SPC그룹 양재사옥에 근무하는 임직원들은 이날 양재노인종합복지관에서 어르신과 함께 송편 빚기와 민속놀이를 함께 체험하고, 송편, 약식 등 제품과 후원금을 전달했다.

㈜파리크라상은 사업장 인근에 위치한 우리식품제조협업인협회, 성남종합사회복지관, 역삼노인복지센터, 하상장애인복지관에 카스텔라와 떡 제품 등을, ㈜SPC삼립은 경기 시화, 충남 서천, 대구, 광주 등에서 빚은 떡과 그릭슈바인 선물세트 등을 전달했다. 비알코리아㈜도 충북 음성군 삼성면 관내 소외계층을 찾아 명절 선물세트를 전달했다.

SPC그룹은 지난 2003년부터 매년 추석과 설에 지역사회 복지기관을 후원하고 있다.

SPC그룹 관계자는 "민족의 대명절 추석을 맞아 지역사회와 즐거움과 정을 함께 나눴다"며 "앞으로도 다양한 지역상생 사회공헌 활동을 펼쳐 사회적 책임을 다할 것"이라고 말했다.

-2019. 9. 6.

면접질문	• 자사가 사회공헌을 통해 추구하고자 하는 가치에 대해 말해보시오.
	• 자사의 사회공헌 사업에 대해 아는 대로 말해보시오.

SPC그룹, 디자인 어워드 6개 부문 본상 수상

-다양한 협업 상품 수상

SPC그룹이 '2019 레드닷 디자인 어워드'에서 총 6개 부문 본상을 수상했다고 밝혔다. 수상 분야는 제품디자인 부문으로 파리바게뜨 '프레쉬데일리밀크', 파리크라상 '선물류 패키지', 티트라 '선물상자', 배스킨라빈스 '리뉴얼 패키지', 던킨도너츠 '롱비치블루', SPC삼립 '육식본능' 등이다.

파리바게뜨의 프레쉬데일리밀크는 프랑스 삽화가 장 줄리앙(Jean Jullien)과 협업한 패키지로, '빵과 함께 먹으면 더욱 맛있는 우유'라는 특성을 잘 표현했다는 평가를 받았다. 파리크라상 선물류 패키지는 프랑스 아르데코풍 삽화로 표현해 장인정신과 품질을 강조했다는 점에서 좋은 평가를 받았다.

블렌디드티 브랜드 '티트라'의 선물상자도 스텐실 기법으로 재해석한 서체와 로고, 차마다 개성 있는 패턴을 입혀 높은 평가를 받았다. 배스킨라빈스는 스테파노 지오반노니와 협업한 리뉴얼 패키지로 수상했다. 또한, 던킨도너츠는 삽화가 예예 윌러(Yeye weller)와 협업한 커피 원두 '롱비치블루' 파우치와 컵 슬리브 등으로 수상했다.

이외에도 SPC삼립은 육가공품 간편식 브랜드 '육식본능'에 시즐 이미지와 코믹스풍의 캐릭터를 적용해 육가공 간편식의 특성을 재치있게 표현했다는 평가를 받기도 했다.

SPC그룹 관계자는 "세계적인 디자인 어워드를 다수 수상한 배경에는 '디자인'을 경영의 핵심가치로 여기는 기업문화와 적극적인 투자가 있었다"며 "앞으로도 디자인 인재 육성 및 전문가와 지속적인 협업을 통해 새롭고 가치 있는 제품을 선보일 계획"이라고 말했다.

-2019. 8. 19.

면접질문	• 제품의 외적 디자인이 가지는 가치에 대해 말해보시오. • 자사 제품 중에서 인상 깊은 디자인에 대해 말해보시오.

PART

II

직무적성검사

01 언어영역

1 다음 글의 주제로 적절한 것은?

> 관용은 특정 믿음이나 행동, 관습 등을 잘못된 것이라고 여김에도 불구하고 용인하거나 불간섭하는 태도를 의미한다. 여기서 관용이란 개념의 본질적인 두 요소를 발견할 수 있다. 첫째 요소는 관용을 실천하는 사람이 관용의 대상이 되는 믿음이나 관습을 거짓이거나 잘못된 것으로 여긴다는 점이다. 이런 요소가 없다면, 우리는 '관용'을 말하고 있는 것이 아니라 '무관심'이나 '승인'을 말하는 셈이다. 둘째 요소는 관용을 실천하는 사람이 관용의 대상을 용인하거나 최소한 불간섭해야 한다는 점이다.

① 관용의 의무　　　　　　　　② 관용의 의미
③ 관용의 기본　　　　　　　　④ 관용의 요소

 위 글은 관용의 본질적인 두 요소를 말하고 있다.

2 다음 글에 이어질 내용으로 적절한 것은?

> 전 세계적 금융위기로 인해 그 위기의 근원지였던 미국의 경제가 상당한 피해를 입었다. 미국에서는 경제 회복을 위해 통화량을 확대하는 양적완화 정책을 실시할 것인지를 두고 논란이 있었다. 미국의 양적완화는 미국 경제회복에 효과가 있겠지만, 국제 경제에 적지 않은 영향을 줄 수 있기 때문이다.

① 정보통신기술 혁명은 물리적 거리의 파괴로 이어졌다.
② 변화를 인식할 때 우리는 가장 최근의 것을 가장 혁신적인 것으로 생각하는 경향이 있다.
③ 인터넷이 가져온 변화는 가전제품이 초래한 변화에 비하면 전 지구적인 규모이고 동시적이라는 점에 주목해야 한다.
④ 미국이 양적완화를 실시하면, 달러화의 가치가 하락하고 우리나라의 달러 환율도 하락한다.

 이어질 내용은 미국의 양적완화가 국제 경제에 미치는 영향과 관련된 것이 되어야 한다.

3   다음 빈칸에 들어갈 접속사로 옳은 것은?

> 　우리나라는 눈부신 경제 성장을 이룩하였고 일인당 국민소득도 빠른 속도로 증가해왔다. 소득이 증가하면 더 행복해질 것이라는 믿음과는 달리, 한국사회 구성원들의 전반적인 행복감은 높지 않은 실정이다. 전반적인 물질적 풍요에도 불구하고 왜 한국 사람들의 행복감은 그만큼 높아지지 않았을까? 이 물음에 대한 다음과 같은 두 가지 답변이 있다.
>
> 　일반적으로 소득이 일정한 수준에 도달한 이후에는 소득의 증가가 반드시 행복의 증가로 이어지지는 않는다. 인간이 살아가기 위해서는 물질재와 지위재가 필요하다. 물질재는 기본적인 의식주의 욕구를 충족시키는 데 필요한 재화이며, 경제 성장에 따라 공급이 늘어난다. 지위재는 대체재의 존재 여부나 다른 사람들의 요구에 따라 가치가 결정되는 비교적 희소한 재화나 서비스이며, 그 효용은 상대적이다. 경제 성장의 초기 단계에서는 물질재의 공급을 늘리면 사람들의 만족감이 커지지만, 경제가 일정 수준 이상으로 성장하면 점차 지위재가 중요해지고 물질재의 공급을 늘려서는 해소되지 않는 불만이 쌓이게 되는 이른바 '풍요의 역설'이 발생한다. _____ 한국 사람들이 경제 수준이 높아진 만큼 행복하지 않은 이유는 소득 증가에 따른 자연스러운 현상이다.
>
> 　한국 사회의 행복 수준은 단순히 풍요의 역설로 설명할 수 없다. 행복에 대한 심리학적 연구에 따르면 타인과 비교하는 성향이 강한 사람일수록 행복감이 낮아지게 된다. 비교 성향이 강한 사람은 사회적 관계에서 자신보다 우월한 사람들을 준거집단으로 삼아 비교하기 쉽고 이로 인해 상대적 박탈감이 커질 수 있기 때문이다. 한국과 같은 경쟁 사회에서는 진학이나 구직 등에서 과열 경쟁이 벌어지고 등수에 의해 승자와 패자가 구분된다. 이 과정에서 비교 우위를 차지하지 못한 사람들은 좌절을 경험하기 쉬운데, 비교 성향이 강할수록 좌절감은 더 크다. 따라서 한국 사회의 행복감이 낮은 이유는 한국 사람들이 다른 사람들과 비교하는 성향이 매우 높은 데에서 찾을 수 있다.

① 따라서　　　　　　　　　　② 왜냐하면

③ 그러나　　　　　　　　　　④ 그리고

 　빈칸 앞에서 풍요의 역설을 말하고 빈칸 뒤에서 그 결과를 말하고 있으므로 '따라서'가 적절하다.

4 다음 글을 통해 알 수 없는 것은?

> 우리가 탄수화물을 계속 섭취하지 않으면 우리 몸은 에너지로 사용되던 연료가 고갈되는 상태에 이르게 된다. 이 경우 몸은 자연스레 '대체 연료'를 찾기 위해 처음에는 근육의 단백질을 분해하고, 이어 내장지방을 포함한 지방을 분해한다. 지방 분해 과정에서 '케톤'이라는 대사성 물질이 생겨나면서 수분 손실이 나타나고 혈액 내의 당분이 정상보다 줄어들게 된다. 이 과정에서 체내 세포들의 글리코겐 양이 감소한다. 특히 이러한 현상은 간세포에서 두드러지게 나타난다. 이로 인해 혈액 및 소변 등의 체액과 인체조직에서는 케톤 수치가 높아지면서 신진대사 불균형이 초래된다. 이를 '케토시스 현상'이라 부른다. 케토시스 현상이 생기면 두통, 설사, 집중력 저하, 구취 등의 불편한 증상이 나타난다. 따라서 탄수화물을 극단적으로 제한하는 식단은 바람직하지 않다.

① '케톤'이 생겨나면 수분 손실이 일어난다.
② 탄수화물을 극단적으로 제한하는 식단은 바람직하지 않다.
③ 탄수화물이 부족하면 근육의 단백질과 내장지방의 지방이 분해된다.
④ 건강한 신체 기능을 유지하기 위해서는 탄수화물 섭취 열량이 하루 총 섭취 열량의 55~70%가 되는 것이 이상적이다.

 ④는 위 글을 읽고 알 수 없는 내용이다.

5 다음 빈칸에 들어갈 말로 적절한 것은?

> 우울증은 일반적으로 자기 파괴적인 질환으로 인식되어 왔지만 실은 _____. 달성할 수 없거나 달성하기 매우 어려운 목표에 도달하기 위해 엄청난 에너지를 소모하는 것은 에너지와 자원을 낭비할 뿐만 아니라, 정신과 신체를 소진시킴으로써 사회적 기능을 수행할 수 없게 하고 주위의 도움이 없으면 생명을 유지하기 어려운 상태에 이르게도 할 수 있다. 이를 막기 위한 기제가 스스로의 자존감을 낮추고 그 목표를 포기하게 만드는 것이다. 이를 통해 고갈된 에너지를 보충하고 다시 도전할 수 있는 기회를 모색할 수 있다.

① 현대 사회처럼 기존에 존재하는 기술이나 생각이 엄청나게 많아 우리의 뇌가 그것을 담기에도 벅찬 경우에는 새로운 조합을 만들어내는 일은 무척이나 많은 에너지를 요한다.

② 경쟁은 창조성을 발휘하게 하지만 지나친 경쟁은 정신적 소진을 초래하기 때문에 우울증이 많이 발생할 수 있다.

③ 자신을 보호하고 미래를 준비하기 위한 보호 기제일 수도 있다.

④ 천재와 우울증은 어찌 보면 동전의 양면과 같다.

 위 글에서 달성할 수 없거나 어려운 목표를 도달하기 위해 에너지를 소모하는 것을 막기 위해 스스로의 자존감을 낮춘다고 하였다. 따라서 ③이 적절한 답이 될 수 있다.

6 ⊙~@의 빈칸에 알맞지 않은 것은?

> 할아버지가 이곳 벌천리에 들어와 둥지를 틀던 30여 년 전만 해도 마을 주변에는 서너 채의 초막이 남아 있었다고 한다. (⊙) 새마을운동과 더불어 농촌에도 마을길이 넓어지고, 포장도로가 생겨나면서 초막은 더 이상 밭가에 있을 필요가 없게 되었다. (ⓒ) 초막은 집으로부터 멀리 떨어진 논이나 밭가에 임시 막사처럼 잠시 머물 곳을 만들어 놓은 것이다. (ⓒ) 교통이 편리해지면서 굳이 초막을 이용하지 않아도 되는 편리하고 빠른 시대가 된 것이다. (@) 농촌에 경운기가 보급되면서 초막은 더 이상 농촌에서 설 자리를 잃고 말았다. 면면이 이어져 온 초막의 역사도, 초막 농사꾼도 주변에서 사라지고 만 것이다.

① ⊙ – 그러나   ② ⓒ – 왜냐하면
③ ⓒ – 그런데   ④ @ – 더욱이

 ⓒ에는 왜냐하면 보다는 '사실'이 들어가야 자연스러운 문장이 된다.

7 다음 글에서 주장하는 내용으로 가장 알맞은 것은?

> 조력발전이란 조석간만의 차이가 큰 해안지역에 물막이 댐을 건설하고, 그곳에 수차발전기를 설치해 밀물이나 썰물의 흐름을 이용해 전기를 생산하는 발전 방식이다. 따라서 조력발전에는 댐 건설이 필수 요소다. 반면 댐을 건설하지 않고 자연적인 조류의 흐름을 이용해 발전하는 방식은 '조류발전'이라 불러 따로 구분한다.
>
> 조력발전이 환경에 미치는 부담 가운데 가장 큰 것이 물막이 댐의 건설이다. 물론 그동안 산업을 지탱해 온 화석연료의 고갈과 공해 문제를 생각할 때 이를 대체할 에너지원의 개발은 매우 절실하고 시급한 문제다. 그렇다 하더라도 자연환경에 엄청난 부담을 초래하는 조력발전을 친환경적이라 포장하고, 심지어 댐 건설을 부추기는 현재의 정책은 결코 용인될 수 없다.

① 댐을 건설하는 데 많은 비용이 들어가는 조력발전은 폐기되어야 한다.
② 친환경적인 조류발전을 적극 도입하여 재생에너지 비율을 높여야 한다.
③ 친환경적인 에너지 정책을 수립하기 위해 조류발전에 대해 더 잘 알아야 한다.
④ 조력발전이 친환경적이라는 시각에 바탕을 둔 현재의 에너지 정책은 재고되어야 한다.

 마지막 문장을 통하여 조력발전에 대한 잘못된 인식과 올바르지 못한 정책이 재고되어야 함을 피력하고 있다는 것을 알 수 있다.

8 다음 글에서 빈칸에 들어갈 이음말을 바르게 배열한 것은?

> 사회는 수영장과 같다. 수영장에는 헤엄을 잘 치고 다이빙을 즐기는 사람이 있는가 하면, 헤엄에 익숙지 않은 사람도 있다. 사회에도 권력과 돈을 가진 사람이 있는가 하면, 그렇지 못한 사람도 존재한다. 헤엄을 잘 치고 다이빙을 즐기는 사람이 바라는 수영장과 헤엄에 익숙지 못한 사람이 바라는 수영장은 서로 다를 수밖에 없다. 전자는 높은 데서부터 다이빙을 즐길 수 있게끔 물이 깊은 수영장을 원하지만, 후자는 그렇지 않다. ( ) 문제는 사회라는 수영장이 하나밖에 없다는 것이다. ( ) 수영장을 어떻게 만들 것인지에 관하여 전자와 후자 사이에 갈등이 생기고 쟁투가 벌어진다.

① 그러나-하지만
② 그러나-한편
③ 그런데-그래서
④ 그런데-반면에

 첫 번째 괄호는 바로 전 문장에 대해 전환하는 내용을 이어주어야 하므로, '그런데'가 적절하다. 두 번째 괄호는 바로 전 문장과 인과관계에 있는 문장을 이어주므로 '그래서'가 적절하다. 따라서 정답은 ③이다.

9 다음 글의 제목으로 가장 적절한 것은?

> 실험심리학은 19세기 독일의 생리학자 빌헬름 분트에 의해 탄생된 학문이었다. 분트는 경험과학으로서의 생리학을 당시의 사변적인 독일 철학에 접목시켜 새로운 학문을 탄생시킨 것이다. 분트 이후 독일에서는 실험심리학이 하나의 학문으로 자리 잡아 발전을 거듭했다. 그런데 독일에서의 실험심리학 성공은 유럽 전역으로 확산되지는 못했다. 왜 그랬을까? 당시 프랑스나 영국에서는 대학에서 생리학을 연구하고 교육할 수 있는 자리가 독일처럼 포화상태에 있지 않고 오히려 팽창 일로에 있었다. 또한, 독일과는 달리 프랑스나 영국에서는 한 학자가 생리학, 법학, 철학 등 여러 학문 분야를 다루는 경우가 자주 있었다.

① 유럽 국가 간 학문 교류와 실험심리학의 정착
② 유럽에서 독일의 특수성
③ 유럽에서 실험심리학의 발전 양상
④ 실험심리학과 생리학의 학문적 관계

(Tip) 19세기 실험심리학의 탄생부터 독일에서의 실험심리학의 발전 양상을 설명하고 있는 글이다.

10 다음 글에 대한 설명으로 올바르지 않은 것은?

> '숲'이라고 모국어로 발음하면 입 안에서 맑고 서늘한 바람이 인다. 자음 'ㅅ'의 날카로움과 'ㅍ'의 서늘함이 목젖의 안쪽을 통과해 나오는 'ㅜ' 모음의 깊이와 부딪쳐서 일어나는 마음의 바람이다. 'ㅅ'과 'ㅍ'은 바람의 잠재태이다. 이것이 모음에 실리면 숲 속에서는 바람이 일어나는데, 이때 'ㅅ'의 날카로움은 부드러워지고 'ㅍ'의 서늘함은 'ㅜ' 모음 쪽으로 끌리면서 깊은 울림을 울린다.

① 참신하고 시적이다.
② 은유적 표현이 쓰였다.
③ 자명한 논리이다.
④ 예리한 관찰력이 돋보인다.

(Tip) '숲'을 발음할 때 일어나는 현상을 관찰하여 시적으로 설명하고 있다. 또한 'ㅅ'과 'ㅍ'을 '바람의 잠재태'로 표현하는 등 은유적 표현이 돋보인다.

Answer 7.④ 8.③ 9.③ 10.②

11 다음 글을 읽고 추론할 수 있는 사실로 가장 적절한 것은?

> 과학 연구와 과학자 양성을 위한 국가 제도가 형성되었다. 이를 기반으로 기업체 안에 연구 개발 체제가 갖추어지면서 연구 개발에 의한 잉여 가치의 생산 및 연구 개발의 재투자가 야기됨으로써 과학자의 양적 증대가 비약적으로 진행되었다. 이러한 결과로 첫째, 과학자는 과학 연구 그 자체에 의해서 생활하고 출신이나 성별에 관계없이 과학자가 되는 기본 조건이 갖추어지고 있다. 예를 들면, 우리나라에 있어서 대학교수 중에서 여성이 차지하는 비율이 점차 커지고 있으며, 과학 연구 분야로의 여성의 진출은 기본적으로 달성되어 가고 있다. 둘째, 과학 연구는 하나의 사회적 활동으로서의 협동성을 높이고 있으며 동시에 과학자 상호 간의 의존 관계가 강화되어 가고 있다. 따라서 과학자는 과학의 발전과 스스로의 능력을 높이기 위해서만이 아니고 과학과 과학자의 현황이나 과학에 대한 국민적인 요구를 종합적으로 인식하기 위해서 과학 행정에 의식적으로 참여하는 것이 필요하게 되었다.

① 과학 연구 분야에서 여성이 주도권을 갖게 되었다.
② 근대 이전에는 과학자가 되는 데 신분적 제약이 따랐다.
③ 여성의 섬세한 감각을 요구하는 과학의 연구 분야가 늘어났다.
④ 협동적인 연구 영역의 확대는 성의 구별 의식을 없어지게 했다.

(Tip) 여성이 차지하는 비율이 점차 커지고 있다는 것을 보면, 출신, 성별 등의 신분적 제약이 있었음을 알 수 있다.

12 다음 예문의 서술방식은?

> 알랭은 행복의 조건을 네 가지로 나누어 말한 바가 있다. 첫째, 직업을 위한 전문지식이 필요하다. 이는 생명의 유지를 위한 기본 요건이다. 둘째, 한 가지의 외국어를 익히는 일이다. 견문을 넓히고 자기의 말이나 문화를 좀 더 잘 이해하기 위한 바탕이다. 셋째, 한 가지의 스포츠를 익히는 일이다. 건강과 레크리에이션을 위해서 갖추어야 할 바이다. 넷째, 하나의 악기를 다루는 일이다. 정서순화와 취미생활을 위하여 필요한 것이다. 물론 이 조건이 행복을 위한 절대 조건은 아닐 것이다. 그러나 이런 네 가지 조건을 갖추면 우리의 인생을 뜻 있고 멋있게 사는 데 확실히 도움이 될 것이라 생각한다.

① 분류　　　　　　　　　② 분석
③ 비교　　　　　　　　　④ 대조

(Tip) 행복의 조건을 분석의 방법을 통해 설명하고 있다.

※ 내용 전개 방법
　⑤ 정의 : 어떤 대상의 범위를 규정짓거나 개념을 풀이한다.
　⑥ 비교 · 대조 : 대상의 공통점이나 차이점을 드러낸다.
　ⓒ 예시 : 구체적인 예를 들어 진술의 타당성을 뒷받침한다.
　⑧ 분류 : 비슷한 특성에 근거하여 대상들을 나누거나 묶는다.
　⑨ 분석 : 어떤 복잡한 것을 단순한 요소나 부분들로 나눈다.
　ⓗ 과정 : 어떤 결과를 가져오게 한 행동의 변화, 기능, 단계, 작용 등에 초점을 둔다.
　ⓢ 유추 : 두 개의 사물이 여러 면에서 비슷하다는 것을 근거로 다른 속성도 유사할 것이
　　라고 추론한다.
　◎ 묘사 : 대상에 대한 그림을 글로 표현하면서 그림들의 세부 요소를 연상적 형태로 배
　　열한다.
　ⓩ 서사 : 일정한 시간 동안에 일어나는 행동이나 사건에 초점을 두고 내용을 전개시킨다.
　ⓩ 인과 : 어떤 결과를 가져오게 한 힘 또는 이러한 힘에 의해 결과적으로 초래된 현상
　　에 관계한다.

13 인도(印度)사람을 독자로 설정하여 다음 지문과 같은 내용의 글을 쓴다고 할 때 필자가 범하고 있
는 가장 큰 잘못은?

> 　소는 인간에게 가장 충직한 동물이다. 살아서 인간을 위해 평생을 봉사한다. 무거운
> 수레를 끌고 힘든 밭갈이를 하면서도 불평 한 마디 않은 채 주인의 명령에 순종한다. 자
> 신의 새끼가 주인집 아들의 학비를 위해 팔려가도 묵묵히 바라만 볼 뿐이다. 소는 죽어
> 서도 아낌없이 자신의 육체를 인간의 육체를 위해 인간들에게 바친다. 뼈와 살은 인간들
> 의 음식으로, 가죽과 뿔은 인간들의 용품을 만드는 데 바쳐지는 것이다.

① 독자들을 어느 한 계층에만 국한시키고 있다.
② 독자들의 문화적 배경에 대한 이해가 부족했다.
③ 필자는 독자와의 관계를 우호적으로 보고 있다.
④ 독자의 교육수준이 고려되지 않은 표현을 사용했다.

 인도사람들의 대부분은 힌두교도로, 이들은 소를 신성시하여 숭배하는 문화를 가지고 있다.
이들에게 소의 희생, 봉사정신의 큰 덕을 본받자는 교훈적 주제를 전달하려는 글을 쓴다면
주제가 전달되기도 전에 한국인들의 잔인함에 먼저 분노의 감정부터 나타낼 것이다.

Answer ▸ 11.② 　12.② 　13.②

최근 한 유전학 연구팀이 지구의 생명체는 100억 년 전 생긴 것으로 보인다는 연구결과를 발표해 눈길을 끌고 있다. 이 같은 결과는 곧 45억 년 된 지구 나이를 고려하면 인류의 기원은 지구 밖에서 온 것으로 풀이된다.

화제의 연구는 미국의 국립노화연구소 알렉세이 샤로브 박사와 해군 연구소 리처드 고든 박사가 실시해 발표했다. 연구팀이 이번 연구에 적용한 이론은 엉뚱하게도 '무어의 법칙'(Moore's Law)이다. 무어의 법칙은 마이크로칩에 저장할 수 있는 데이터 용량이 18개월마다 2배씩 증가한다는 이론으로 인텔의 공동설립자 고든 무어가 주장했다. 곧 생명체가 원핵생물에서 진핵생물로 이후 물고기, 포유동물로 진화하는 복잡성의 비율을 컴퓨터가 발전하는 속도와 비교한 결과 지구 생명체의 나이는 97억 년(±25억 년)으로 계산됐다.

결과적으로 이들 연구팀의 이론은 지구상의 원시 생명은 다른 천체로부터 운석 등에 달려 도래한 것이라는 '판스페르미아설'(theory of panspermia)을 뒷받침하는 또 하나의 이론이 된 ㉠셈이다.

샤로브 박사는 "이번 연구는 어디까지나 이론일 뿐"이라면서도 "생명체의 기원이 지구 밖에서 왔을 확률은 99% 진실"이라고 주장했다. 이어 "연구에 다양한 변수들이 존재하지만 생명체의 기원을 밝히는 가장 그럴듯한 가설"이라고 덧붙였다.

14 위 글의 내용으로 적절하지 않은 것은?

① 지구의 생명체는 외계에서 왔다.

② 고든 무어는 인텔의 공동설립자이다.

③ 고든 무어는 18개월마다 2배로 생명체가 증식한다고 주장했다.

④ 원시 생명체는 운석 등으로 지구에 정착한 것이다.

(Tip) 고든 무어는 반도체의 발전 주기를 주장한 사람이다.

15 밑줄 친 ⊙과 같은 의미로 사용된 것은?

① 영희는 셈이 매우 빠르다.

② 그렇게 아무 생각이 없어서 어쩔 셈이야?

③ 그 정도면 잘 한 셈이야.

④ 다 받은 셈 치자.

 ③ 어떤 일의 형편이나 결과
① 수를 세는 일
② 어떻게 하겠다는 생각
④ 미루어 가정함

16 다음 글의 밑줄 친 부분과 같은 의미로 쓰인 것은?

> 지난 여름하면 떠오르는 건 단연 장마였다. 불볕더위로 온 대지가 말라붙었고 사람들도 생기를 잃고 시름시름 지쳐 있을 때 느닷없이 장마가 <u>진</u> 까닭에 사람들은 미처 적응할 여유를 갖지 못했다. 햇볕이 축축한 비로 바뀌었으니 사람들의 몸과 마음은 균형을 잃을 수밖에, 곳곳에서 산사태였고 또 물난리였다.

① 그렇다면 내가 <u>진</u> 걸로 하자.

② 애가 보채서 젖이 <u>질</u> 새가 없다.

③ 책임을 <u>지고</u> 물러나다.

④ 그늘 <u>진</u> 곳에 앉아서 더위를 식히자.

 '장마가 지다'의 '지다'는 '어떤 현상이나 상태가 나타나다'라는 뜻이다.
① 싸움이나 겨루기 등에서 상대를 이기지 못하다.
② 젖이 불어 저절로 나오다.
③ 어떤 책임이나 의무를 맡다.

Answer ➔ 14.③ 15.③ 16.④

17 다음 중 ( ) 안에 공통으로 들어갈 단어는?

> 어쩌면 모든 문명의 바탕에는 (   )가(이) 깔려 있는지도 모른다. 우리야 지금 과학으로 무장하고 있지만, 자연 지배의 능력 없이 알몸으로 자연에 맞서야 했던 원시인들에게 세계란 곧 (   ) 그 자체였음에 틀림없다. 지식이 없는 상태에서 맞닥뜨린 세계는 온갖 우연으로 가득 찬 혼돈의 세계였을 터이고, 그 혼돈은 인간의 생존 자체를 위협하는 것이었으리라. 그리하여 그 앞에서 인간은 무한한 (   )을(를) 느끼지 않을 수 없을 게다.

① 공포   ② 신앙
③ 욕망   ④ 이성

 두 번째 문장의 '인간의 생존 자체를 위협하는 것'이라는 어구를 통해 공포라는 어휘가 적절함을 유추할 수 있다.

18 다음 글에 포함되지 않은 내용은?

> 연금술이 가장 번성하던 때는 중세기였다. 연금술사들은 과학자라기보다는 차라리 마술사에 가까운 존재였다. 그들의 대부분은 컴컴한 지하실이나 다락방 속에 틀어박혀서 기묘한 실험에 열중하면서 연금술의 비법을 발견해내고자 하였다. 그것은 오늘날의 화학에서 말하자면 촉매에 해당하는 것이다. 그들은 어떤 분말을 소량 사용하여 모든 금속을 금으로 전화시킬 수 있다고 믿었다. 그리고 그들은 연금석이 그 불가사의한 작용으로 인하여 불로장생의 약이 될 것으로 생각하였다.

① 연금술사의 특징   ② 연금술사의 꿈
③ 연금술의 가설   ④ 연금술의 기원

 ④ 연금술이 중세기 때 번성했다는 사실은 나와 있지만 연금술이 언제 생겨났는지는 언급되어 있지 않다.

19 다음 글의 빈칸에 들어갈 말로 알맞게 짝지어진 것은?

> 우리 음악 연주법 가운데 가장 두드러지는 것은 '농현' 혹은 '떠는 주법'일 것이다. 가야금을 비롯해 농현 없는 산조 연주는 생각할 수조차 없다. 능청거리는 그 맛이야말로 우리 국악의 참맛이기 때문이다. (　　) 이 농현은 여러 악기가 모이면 사라진다. 농현을 모든 악기가 똑같이 살려낼 수 없기 때문이다. (　　) 우리 음악이나 춤은 독주가 많다.

① 그러나, 그런데　　　　　　　　② 그런데, 그리고

③ 그러나, 하지만　　　　　　　　④ 그런데, 그래서

 첫 번째 빈칸을 중심으로 앞뒤의 내용이 상반되므로 '그러나' 혹은 '그런데'가 모두 들어갈 수 있다. 두 번째 빈칸 앞의 내용이 다음 문장에 대한 근거이므로 '그래서'가 알맞다.

20 아래 글에서 다음 문장이 들어가기에 알맞은 곳은?

> 이에 환경부는 '멸종 위기 야생 동식물' 194종을 지정하여 이를 포획하거나 채취하는 행위를 금지하고 있다.

> ① 서식처를 잃은 야생 동물들은 생존의 위협을 받고 있다. ② 굶주린 야생 멧돼지와 수리부엉이가 먹이를 찾아 농가를 습격했다는 뉴스는 이제 더 이상 새롭지 않다. ③ 여기에 속한 붉은 박쥐는 우리나라와 일본 쓰시마 섬에만 살고 있다. ④ 우리가 보호하지 않는다면 붉은 박쥐 역시 도도새처럼 기록으로만 남을지도 모른다.

 ③ 다음 문장에서 붉은 박쥐가 어떠한 특정 동식물에 속해 있다는 내용이 나오므로 ③의 위치에 '멸종 위기 야생 동식물'의 지정에 대한 내용이 들어가는 것이 알맞다.

Answer ➔ 17.① 18.④ 19.④ 20.③

21 다음 글의 기술 방식 상 특징을 바르게 이해한 것은?

> 집을 나섰다. 리무진 버스를 타고 거대한 영종대교를 지나 인천공항에 도착해보니 사람들로 북적거렸다. 실로 많은 사람들이 해외를 오가고 있다고 생각하니 '세계화, 지구촌'이란 단어들이 새로운 느낌으로 다가왔다. 출국 수속을 마치고 비행기표를 받았다. 출발까지는 한참을 기다려야 했기에 공항 내 이곳저곳을 두루 살펴보면서 아들과 그동안 못 나눈 이야기로 시간을 보냈다.

① 객관적 정보와 사실들을 개괄하여 설명한다.
② 공항의 풍경과 사물들을 세밀하게 묘사한다.
③ 개인적 감정과 견해를 타인에게 설득시킨다.
④ 시간의 경과에 따른 체험과 행위를 서술한다.

 집을 나섬→영종대교를 지남→인천공항에 도착→출국 수속을 마침→공항 구경으로 이어지고 있다.
따라서 정답은 ④ '시간의 경과에 따른 체험과 행위를 서술한다'가 된다.

22 글의 전체적인 흐름상 ㉠~㉢의 순서를 가장 잘 배열한 것은?

> Ⅰ 서론 : 일반적으로 모든 일이 다 신성하고 가치가 있다고 한다.
> Ⅱ 본론
> ㉠ 아울러, 생존 경쟁에서 오는 압력이 심한 사회일수록 일이 힘들게만 느껴진다.
> ㉡ 특히 그것이 보수와 관계될 때, 또 힘들게 일하고도 살기가 어려울 때 자신의 일에 대한 불만은 높아진다.
> ㉢ 그러나 사회적으로 더 높이 평가하거나 혹은 더 낮게 취급하는 일이 있다면, 모든 사람이 일에 자긍심을 갖기가 어렵다.
> Ⅲ 결론 : 따라서 이런 문제점들이 극복되지 않는다면 건강한 노동이 이루어지지 않고, 자기의 일로부터 소외되는 현상이 발생할 것이다.

① ㉠ - ㉡ - ㉢   ② ㉡ - ㉢ - ㉠
③ ㉢ - ㉠ - ㉡   ④ ㉢ - ㉡ - ㉠

 ㉢ 모든 일이 다 신성하고 가치가 있다는 서두의 문장과 반대되는 모든 사람이 일에 자긍심을 갖기가 어렵다는 내용 전개→㉡ '특히'라는 부사어를 통해 앞에서 제시한 내용을 보충하고 강조→㉠ 앞에 제시된 내용에 추가하여 설명할 때 사용하는 '아울러'로 일이 힘들게 느껴진다는 내용을 앞 문장과 더불어 제시

23 다음 글에서 빈칸에 들어갈 알맞은 문장은?

> 일본 젊은이들의 '자동차 이탈(차를 사지 않는 것)' 현상은 어제오늘 일이 아니다. 니혼게이자이신문이 2007년 도쿄의 20대 젊은이 1,207명을 조사한 결과, 자동차 보유비율은 13%였다. 2000년 23.6%에서 10% 포인트 이상 떨어졌다. 자동차를 사지 않는 풍조를 넘어, 자동차 없는 현실을 멋지게 받아들이는 단계로 접어들었다는 것이다. (   ) '못' 사는 것을 마치 '안' 사는 것인 양 귀엽게 포장한 것이다. 사실 일본 젊은이들의 자동차 이탈엔 장기 침체와 청년 실업이라는 경제적인 원인이 작용하고 있다.

① 이러한 풍조는 사실 일종의 자기 최면이다.
② 이러한 상황에는 자동차 산업 불황이 한몫을 했다.
③ 이러한 현상은 젊은이들의 사행심에서 비롯되었다.
④ 이는 젊은이들의 의식이 건설적으로 바뀐 결과이다.

 빈칸의 앞, 뒤 문장을 통해 실제로는 자동차를 못 사는 상황이지만 자신의 의지로 사지 않는다는 식의 자기 최면이나 포장이 확산되어 자동차를 사지 않는 풍조가 생겨났음을 알 수 있다.

24 다음 글에서 밑줄 친 부분에 대한 글쓴이의 태도로 가장 알맞은 것은?

> 아파트 이름을 영어로 짓는 게 유행이다. 정겨운 우리말을 뒷전으로 보내고 영어 이름에 매달리는 데는 영어가 왠지 더 '폼 나 보인다'는 생각이 작용한 듯하다. 게다가 영어 이름을 붙이면 아파트의 가치가 높아질 것이라는 기대마저 깔려 있지 않나 싶다. 영어가 세계어가 된 마당에 <u>아파트 이름 하나 영어로 짓는 일이 뭐 그리 대수냐고 반문할 수도 있다.</u> 하지만 요즘의 무분별한 영어 사용은 사실 한문, 일본어, 영어로 이어지는 우리의 언어사대주의와 무관하지 않을 것이다. 이상야릇한 영어 아파트 이름들을 끊임없이 듣노라면 쓸쓸함을 넘어 이래도 되나 싶은 마음까지 든다.

① 의심   ② 냉담
③ 증오   ④ 우려

 밑줄 친 부분의 다음 문장을 통해 무분별한 영어 사용이 외국어에 대한 언어사대주의로 악화될 수 있음을 우려하고 있다는 것을 알 수 있다.

Answer → 21.④ 22.④ 23.① 24.④

| 25~27 | 다음에 제시된 문장의 밑줄 친 부분과 같은 의미로 쓰인 것을 고르시오.

25

> 그를 사형시켜야 한다는 목소리가 <u>높다</u>.

① 저 하늘 <u>높이</u> 날아가는 새들이 부럽다.

② 정책을 비판하는 여론이 <u>높아</u>지고 있다.

③ 말이 험하기로 악명 <u>높은</u> 사람이 옆집으로 이사를 왔다.

④ 지위가 <u>높을수록</u> 더 겸손해야 한다.

 ① 아래에서부터 위까지 벌어진 사이가 크다.
② 어떤 의견이 다른 의견보다 많고 우세하다.
③ 이름이나 명성 따위가 널리 알려진 상태에 있다.
④ 지위나 신분 따위가 보통보다 위에 있다.

26

> 새로 나온 광고가 판매고에 영향을 <u>미쳤다</u>.

① 내 성적은 어머니의 기준에 <u>미치지</u> 못했다.

② 우리 동네에는 <u>미친</u> 여자가 한 명 있다.

③ 기가 막혀 <u>미칠</u> 지경이다.

④ 그만둬야 할 거라는 압박이 <u>미치기도</u> 전에 사표를 써버렸다.

 ① 공간적 거리나 수준 따위가 일정한 선에 닿다.
② 정신에 이상이 생겨 말과 행동이 보통 사람과 다르게 된다.
③ 정신이 나갈 정도로 매우 괴로워하다.
④ 영향이나 작용 따위가 대상에 가하여지다.

27

> 나는 너 <u>따위</u>가 욕보일 사람이 아니다.

① 텃밭에 상추, 배추, 깨 <u>따위</u>를 심었다.
② TV, 라디오 <u>따위</u>의 가전제품을 파는 가게에 갔다.
③ 엄마의 아픔에 비하면 내 고통 <u>따위</u>는 아무것도 아니다.
④ 거리에는 오징어, 쥐포 <u>따위</u>의 건어물을 파는 사람들이 많았다.

 ③ 앞에 나온 대상을 낮잡거나 부정적으로 이르는 말
①②④ 앞에 나온 종류의 것들이 나열되었음을 나타내는 말

28 다음의 준수와 유천이의 관계와 가장 유사한 것은?

> 준수와 유천이는 동갑내기 친구이다. 그런데 둘은 만날 때마다 서로 못 잡아먹어서 안달난 사람처럼 아웅다웅하기 일쑤이다.

① 개와 원숭이   ② 꽃과 나비
③ 악어와 악어새   ④ 닭과 오리

 ① 사이가 나쁜 두 관계를 비유적으로 이르는 말로 개와 원숭이의 사이라는 뜻의 '견원지간 (犬猿之間)'이라는 한자성어가 있다.

29 다음 중 관용어의 풀이가 옳지 않은 것은?

① 낯이 깎이다. – 체면이 떨어지다.
② 발에 채이다. – 여기저기서 흔하게 널려 있다.
③ 손이 맵다. – 손으로 살짝 때려도 몹시 아프다.
④ 입 안의 혀 같다. – 무슨 말이 튀어나올 줄 몰라 불안하다.

 ④ '입 안의 혀 같다.'는 일을 시키는 사람의 뜻대로 움직여 주는 것을 이르는 말이다.

Answer ☞ 25.② 26.④ 27.③ 28.① 29.④

30 다음에서 '치다'의 의미가 '때리다'의 뜻으로 쓰인 것은?

> 이리 치고 저리 ⓐ치고 / 한강 그물 고기 잡아다 먹어 ⓑ치고 / 양반은 상놈 ⓒ치고
> 상놈은 기집 치고 / 기집은 개 불러 똥 ⓓ치고 / 개는 꼬리 치고

① ⓐ   ② ⓑ

③ ⓒ   ④ ⓓ

 ⓐ 그물을 치다.
ⓑ '치우다'가 바른 표현이고, 보조 용언으로 사용되었다.
ⓒ 때리다.
ⓓ 청소하거나 정리하다.

31 다음 중 '길섶'이란 우리말의 뜻으로 알맞은 것은?

① 길 입구   ② 길 한가운데

③ 길 가장자리   ④ 앞쪽에 난 길

 길섶 … '길의 가장자리, 길가'를 이르는 말이다.

▌32~33▐ 제시된 단어와 같은 관계가 되도록 괄호 안에 적당한 단어를 고르시오.

32
> 제우스 : 독수리 = 포세이돈 : (   )

① 벼락   ② 헤라

③ 삼지창   ④ 오디세이아

 '독수리'는 '제우스'의 상징이다. 따라서 '포세이돈'을 상징하는 '삼지창'이 괄호 안에 적절하다.
① 벼락은 제우스의 상징이다.
② 헤라는 제우스의 아내이다.
④ 고대 그리스의 시인 호메로스의 작품으로 전해지는 대서사시

33

미켈란젤로 : (   ) = 다빈치 : 모나리자

① 피에타

② 최후의 만찬

③ 동굴의 성모

④ 생각하는 사람

 '모나리자'는 '다빈치'의 작품이다. '피에타'는 '미켈란젤로'의 조각 작품이다.
②③ 레오나르도 다빈치의 작품이다.
④ 프랑스의 조각가 A. 로댕의 작품이다.

34 다음 중 밑줄 친 말의 쓰임이 바르지 않은 것은?

① 겨울이 가고 <u>시나브로</u> 봄이 왔다.

② <u>무녀리</u>라 그런지 옹골차고 튼튼하다.

③ 네 <u>깜냥</u>으로 그걸 어찌 하겠다는 거야?

④ 모름지기 <u>자투리</u> 시간을 잘 활용해야 한다.

 ① 시나브로 : '알지 못하는 사이에 조금씩'을 이르는 말이다.
② 무녀리 : '한 태의 새끼 중 맨 먼저 나온 새끼'로 '언행이 좀 모자란 사람'을 비유해서 쓰는 말이다.
③ 깜냥 : 일을 헤아려 해낼 만한 능력을 이르는 말이다.
④ 자투리 : 팔거나 쓰다가 남은 피륙의 조각을 이르는 말이다.

▌35~41▐ 제시된 단어와 같은 관계인 것을 고르시오.

35

밀가루 : 빵

① 사탕 : 초콜릿

② 우유 : 버터

③ 이불 : 베개

④ 겨울 : 여름

 밀가루는 빵의 원료이다. 우유는 버터의 원료이다.

Answer ↪ 30.③   31.③   32.③   33.①   34.②   35.②

36

> 맥수지탄(麥秀之嘆) : 풍수지탄(風樹之嘆)

① 우정 : 애정　　　　　　　　　② 나라 : 어버이

③ 왕 : 신하　　　　　　　　　　④ 고향 : 바람

 맥수지탄은 국가가 망한 것을 한탄하는 말이고 풍수지탄은 어버이가 살아 계시지 않아 효도할 수 없음을 한탄하는 말이다.

37

> 쌀 : 밥 : 물

① 조개 : 바다 : 인어　　　　　② 공룡 : 티라노사우루스 : 익룡

③ 동물 : 화석 : 토양　　　　　④ 고사리 : 미나리 : 해파리

 쌀이 밥이 되기 위해서는 구성성분으로써 물이 필요하고(쌀은 물을 흡수) 동물이 화석이 되기 위해서는 구성성분으로써 토양이 필요하다(토양은 화석의 틀이 됨).

38

> 고무 : 탄력성

① 유동성 : 이동성　　　　　　② 불용성 : 가용성

③ 수용성 : 지용성　　　　　　④ 휘발유 : 가연성

 탄력성은 고무가 가지고 있는 특성이므로, 휘발유의 특성인 가연성이 적절하다.

39

> 실업 : 취업

① 종료 : 만료　　　　　　　　② 수료 : 완료

③ 종말 : 예언　　　　　　　　④ 입학 : 졸업

 실업과 취업은 반의어 관계이다. 입학의 반의어는 졸업이다.

40

> 대범하다 : 옹졸하다

① 척박하다 : 비옥하다   ② 메마르다 : 가물다

③ 거칠다 : 사납다   ④ 천하다 : 평범하다

 대범하다와 옹졸하다는 반의어 관계이며, 척박하다는 '땅이 몹시 메마르고 기름지지 못함'을 이르는 말로 '땅이 걸고 기름지다'는 뜻인 비옥하다와 반의어이다.

41

> 통합 : 합병

① 애국 : 매국   ② 장애 : 비장애

③ 애도 : 애상   ④ 불만 : 만족

 통합과 합병은 동의어 관계이며, 애도는 사람의 죽음을 슬퍼함을 의미한다.
③ 애상(哀傷)은 죽은 사람을 생각하며 마음이 상함을 의미한다.

42 등식이 성립하지 않는 것은?

① 새 : 닭 : 오골계 = 포유동물 : 개 : 치와와

② 솔개 : 토끼 : 풀 = 뱀 : 개구리 : 파리

③ 연못 : 잉어 : 연꽃 = 나무 : 딱따구리 : 지렁이

④ 자연수 : 정수 : 유리수 = 제주문학 : 한국문학 : 세계문학

 ① 상의어와 하의어 관계이다.
② 풀→토끼→솔개, 파리→개구리→뱀의 먹이사슬 관계를 나타내고 있다.
④ 자연수 ⊂ 정수 ⊂ 유리수, 제주문학 ⊂ 한국문학 ⊂ 세계문학의 관계를 나타내고 있다.

Answer ⬐ 36.②   37.③   38.④   39.④   40.①   41.③   42.③

43 분류 방식이 다른 하나는?

① 국가 : 정치가, 생산자, 전사 ② 자동차 : 특장차, 트럭, 버스

③ 집 : 아파트, 단독주택, 빌라 ④ 필기구 : 볼펜, 연필, 백묵

 ②③④ 종류를 나타낸다.
국가를 하위 속성으로 분류하려면 '민주국가', '공산국가' 등의 종류로 나누었어야 한다.

44 낱말들의 관계가 나머지와 다른 것은?

① 약품 – 약사 – 약학 ② 그림 – 화가 – 미술

③ 장물 – 형사 – 법학 ④ 소설 – 작가 – 문학

 나머지 보기들은 가운데 직업을 가진 사람이 하는(다루는) 일이 왼쪽에 오고, 오른쪽에는
그런 학문을 가리키는 말이 온다. 그러나 '장물'은 '형사'가 다루는 것이 아니며, 형사는 법
학보다는 '형사학'과 더 관련이 깊다.
① 약품은 약사가 취급하고, 그런 학문을 약학이라고 한다.
② 그림은 화가가 그리고, 그런 학문을 미술이라고 한다.
④ 소설은 작가가 쓰고, 그런 학문을 문학이라고 한다.

45 다음 중 표현이 바르지 않은 것은?

① 쌀 서 되 ② 금 넉 냥

③ 은 엿 돈 ④ 삼베 넉 자

 ① 쌀 서 되→쌀 석 되
③ 엿 : (일부 단위를 나타내는 말 앞에 쓰여) 그 수량이 여섯임을 나타내는 말이다.
※ 비슷한 발음의 몇 형태가 쓰일 경우, 그 의미에 아무런 차이가 없고 그 중 하나가 더
널리 쓰이면 그 한 형태만을 표준어로 삼는다.
예 서(너) 돈, 서 말, 서 발, 서 푼, 석(넉) 냥, 석 되, 석 섬, 석 자

46 다음의 대응 관계로 볼 때 빈칸에 알맞은 말은?

> 우물 : 물 : 두레박 : ( ) = 바다 : 물고기 : ( ) : 잡다

① 긷다 – 그물   ② 푸다 – 어선

③ 붓다 – 낚시   ④ 들다 – 바늘

 우물의 물을 두레박으로 긷고, 바다의 물고기를 그물로 잡는다'의 대응 관계로 볼 수 있다.

47 다음 단어와 가장 관련이 깊은 것은?

> 사모, 감투, 환로, 관아

① 복식   ② 계층

③ 벼슬   ④ 신분

 모두 벼슬과 관련된 말이다.
㉠ 사모 : 고려 말기에서 조선 시대에 걸쳐 벼슬아치들이 관복을 입을 때에 쓰던 모자
㉡ 감투 : 벼슬이나 직위를 속되게 이르는 말
㉢ 환로 : 벼슬길
㉣ 관아 : 벼슬아치들이 모여 나랏일을 처리하던 곳

48 다음 중 속담의 사용이 바르지 않은 것은?

① 함부로 남의 험담하지 마라, <u>발 없는 말 천리 간다</u>.

② <u>범 없는 골에는 토끼가 스승</u>이라고 아버지가 외출을 하시니까 큰형이 우리 집 대장
이 돼버렸어.

③ 한 부모에게서 난 자식도 <u>오롱이조롱이</u>라 생김새와 하는 짓이 형제들끼리 너무도 똑같
구먼.

④ 며칠을 굶은 그들은 민가에서 먹을 것을 발견하고는 <u>마파람에 게 눈 감추듯</u> 순식간
에 먹어치우고 말았다.

 ③ '오롱이조롱이'는 오롱조롱하게 제각기 달리 개성을 가진 여럿을 이르는 말이다

Answer ↱ 43.①   44.③   45.①   46.①   47.③   48.③

49 ( ) 안에 함께 들어갈 수 있는 어휘는?

> • 해촌에 비하면 중산촌은 그래도 부역이 ( )한 편이었다.
> • 내 새끼 헐벗어도 전실 자식 ( )하게 대한다는 소리 무서워 애지중지 하였더니…

① 헐   ② 징
③ 용   ④ 중

 헐하다
ㄱ 값이 싸다.
ㄴ 일이 힘들지 아니하고 수월하다.
ㄷ 대수롭지 아니하거나 만만하다.

50 빈칸에 들어갈 말로 적절한 것은?

> 이번 장관 후보자에 대한 청문회는 우리나라 정치인의 도덕성을 평가하는 ( )
> 이/가 될 것이다.

① 시금석   ② 출사표
③ 마중물   ④ 고갱이

 ① 능력 따위를 알아볼 수 있는 기준
② 출병할 때 그 뜻을 적음
③ 물이 잘 안 나올 때 물을 끌어올리기 위하여 붓는 물
④ 풀이나 나무줄기 한가운데 있는 연한 심

인간 사회의 주요한 자원 분배 체계로 '시장(市場)', '재분배(再分配)', '호혜(互惠)'를 들 수 있다. 시장에서 이루어지는 교환은 물질적 이익을 증진시키기 위해 재화나 용역을 거래하는 행위이며, 재분배는 국가와 같은 지배 기구가 잉여 물자나 노동력 등을 집중시키거나 분배하는 것을 말한다. 실업 대책, 노인 복지 등과 같은 것이 재분배의 대표적인 예이다. 그리고 호혜는 공동체 내에서 혈연 및 동료 간의 의무로서 행해지는 증여 관계이다. 명절 때의 선물 교환 같은 것이 이에 속한다.

이 세 분배 체계는 각각 인류사의 한 부분을 담당해 왔다. 고대 부족 국가에서는 호혜를 중심으로, 전근대 국가 체제에서는 재분배를 중심으로 분배 체계가 형성되었다. 근대에 와서는 시장이라는 효율적인 자원 분배 체계가 활발하게 그 기능을 수행하고 있다. 그러나 이 세 분배 체계는 인류사 대부분의 시기에 공존했다고 말할 수 있다. 고대 사회에서도 시장은 미미하게나마 존재했었고, 오늘날에도 호혜와 재분배는 시장의 결함을 보완하는 경제적 기능을 수행하고 있기 때문이다.

효율성의 측면에서 보았을 때, 인류는 아직 시장만한 자원 분배 체계를 발견하지 못하고 있다. 그러나 시장은 소득 분배의 형평(衡平)을 보장하지 못할 뿐만 아니라, 자원의 효율적 분배에도 실패하는 경우가 종종 있다. 그래서 때로는 국가가 직접 개입한 재분배 활동으로 소득 불평등을 개선하고 시장의 실패를 시정하기도 한다. 우리 나라의 경우 IMF 경제 위기 상황에서 실업자를 구제하기 위한 정부 정책들이 그 예라 할 수 있다. 그러나 호혜는 시장뿐 아니라 국가가 대신하기 어려운 소중한 기능을 담당하고 있다. 부모가 자식을 보살피는 관행이나, 친척들이나 친구들이 서로 길·흉사(吉凶事)가 생겼을 때 도움을 주는 행위, 아무런 연고가 없는 불우 이웃에 대한 기부와 봉사 등은 시장이나 국가가 대신하기 어려운 부분이다.

호혜는 다른 분배 체계와는 달리 물질적으로는 이득을 볼 수 없을 뿐만 아니라 때로는 손해까지도 감수해야 하는 행위이다. 그러면서도 호혜가 이루어지는 이유는 무엇인가? 이는 그 행위의 목적이 인간적 유대 관계를 유지하고 증진시키는 데 있기 때문이다. 인간은 사회적 존재이므로 사회적으로 고립된 개인은 결코 행복할 수 없다. 따라서 인간적 유대 관계는 물질적 풍요 못지 않게 중요한 행복의 기본 조건이다. 그렇기에 사람들은 소득 증진을 위해 투입해야 할 시간과 재화를 인간적 유대를 위해 기꺼이 할당하게 되는 것이다.

우리는 물질적으로 풍요로울 뿐 아니라, 정신적으로도 풍족한 사회에서 행복하게 살기를 바란다. 그러나 우리가 지향하는 이러한 사회는 효율적인 시장과 공정한 국가만으로는 이루어질 수 없다. 건강한 가정·친척·동료가 서로 지원하면서 조화를 이룰 때, 그 꿈은 실현될 수 있을 것이다. 이처럼 호혜는 건전한 시민 사회를 이루기 위해서 반드시 필요한 것이라고 할 수 있다. 그래서 사회를 따뜻하게 만드는 시민들의 기부와 봉사의 관행이 정착되기를 기대하는 것이다.

Answer 49.① 50.①

51 윗글의 내용과 일치하지 않는 것은?

① 재분배는 국가의 개입에 의해 이루어진다.

② 시장에서는 물질적 이익을 위해 상품이 교환된다.

③ 호혜가 중심적 분배 체계였던 고대에도 시장은 있었다.

④ 시장은 현대에 와서 완벽한 자원 분배 체계로 자리 잡았다.

 셋째 단락에 '시장은 소득 분배의 형평을 보장하지 못할 뿐만 아니라, 자원의 효율적 배분에도 실패했다.'는 내용이 있으므로 '시장이 완벽한 자원 분배 체계로 자리 잡았다.'라고 한 것은 지문의 내용과 일치하지 않는다.

52 윗글의 논리 전개 방식으로 알맞은 것은?

① 구체적 현상을 분석하여 일반적 원리를 추출하고 있다.

② 시간적 순서에 따라 개념이 형성되어 가는 과정을 밝히고 있다.

③ 대상에 대한 여러 가지 견해를 소개하고 이를 비교 평가하고 있다.

④ 다른 대상과의 비교를 통해 대상이 지닌 특성과 가치를 설명하고 있다.

 오늘날 분배 체계의 핵심이 되는 시장의 한계를 말하면서, 호혜가 이를 보완할 수 있는 분배 체계임을 설명하고 있다. 나아가 호혜가 행복한 사회를 만들기 위해 필요한 것임을 강조하면서 그 가치를 설명하고 있다.

❚53~54❚ 다음 글을 읽고 물음에 답하시오.

오랫동안 인류는 동물들의 희생이 수반된 육식을 당연하게 여겨왔으며 이는 지금도 진행 중이다. 그런데 이에 대해 윤리적 문제를 제기하며 채식을 선택하는 경향이 생겨났다. 이러한 경향을 취향이나 종교, 건강 등의 이유로 채식하는 입장과 구별하여 '윤리적 채식주의'라고 한다. 그렇다면 윤리적 채식주의의 관점에서 볼 때, 육식의 윤리적 문제점은 무엇인가? 육식의 윤리적 문제점은 크게 개체론적 관점과 생태론적 관점으로 나누어살펴볼 수 있다. 개체론적 관점에서 볼 때, 인간과 동물은 모두 존중받아야 할 '독립적 개체'이다. 동물도 인간처럼 주체적인 생명을 영위해야 할 권리가 있는 존재이다. 또한 동물도 쾌락과 고통을 느끼는 개별 생명체이므로 그들에게 고통을 주어서도, 생명을 침해해서도 안 된다. 요컨대 동물도 고유한 권리를 가진 존재이기 때문에 동물을 단순히 음식재료로 여기는 인간 중심주의적인 시각은 윤리적으로 문제가 있다. 한편 생태론적 관점에서 볼 때, 지구의 모든 생명체들은 개별적으로 존재하는 것이 아니라 서로 유기적으로 연결되어 존재한다. 따라서 각 개체로서의 생명체가 아니라 유기체로서의 지구 생명체에 대한 유익성 여부가 인간행위의 도덕성을 판단하는 기준이 되어야 한다. 그러므로 육식의 윤리성도 지구생명체에 미치는 영향에 따라 재고되어야 한다. 예를 들어 대량사육을 바탕으로 한 공장제축산업은 인간에게 풍부한 음식재료를 제공한다. 하지만 토양, 수질, 대기 등의 환경을 오염시켜 지구생명체를 위협하므로 윤리적으로 문제가 있다.

결국 우리의 육식이 동물에게든 지구생명체에든 위해를 가한다면 이는 윤리적이지 않기 때문에 문제가 있다. 인류의 생존을 위한 육식은 누군가에게는 필수불가결한 면이 없지 않다. 그러나 인간이 세상의 중심이라는 시각에 젖어 그동안 우리는 인간 이외의 생명에 대해서는 윤리적으로 무감각하게 살아왔다. 육식의 윤리적 문제점은 인간을 둘러싼 환경과 생명을 새로운 시각으로 바라볼 것을 요구하고 있다.

53 윗글의 중심 내용으로 가장 적절한 것은?

① 윤리적 채식의 기원
② 육식의 윤리적 문제점
③ 지구환경오염의 실상
④ 윤리적 채식주의자의 권리

 '육식의 윤리적 문제점은 크게 ~ 있다.', '결국 ~ 요구하고 있다'의 부분을 통해 육식의 윤리적 문제점이 중심 문장임을 알 수 있다.

54 윗글의 논지 전개 방식에 대한 평가로 가장 적절한 것은?

① 중심 화제에 대한 자료의 출처를 밝힘으로써 주장의 신뢰성을 높이고 있다.
② 중심 화제에 대해 상반된 견해를 제시함으로써 주장의 공정성을 확보하고 있다.
③ 중심 화제에 대한 전문가의 말을 직접 인용함으로써 주장의 객관성을 높이고 있다.
④ 중심 화제에 대해 두 가지 관점으로 나누어 접근함으로써 주장의 타당성을 높이고 있다.

 육식의 윤리적 문제점은 크게 개체론적 관점과 생태론적 관점으로 나누어 접근함으로써 주장의 타당성을 높이고 있다.

Answer ⬗ 51.④ 52.④ 53.② 54.④

'인문적'이라는 말은 '인간다운(humane)'이라는 뜻으로 해석할 수 있는데, 유교 문화는 이런 관점에서 인문적이다. 유교의 핵심적 본질은 '인간다운' 삶의 탐구이며, 인간을 인간답게 만드는 덕목을 제시하는 데 있다. '인간다운 것'은 인간을 다른 모든 동물과 차별할 수 있는, 그래서 오직 인간에게서만 발견할 수 있는 이상적 본질과 속성을 말한다. 이러한 의도와 노력은 서양에서도 있었다. 그러나 그 본질과 속성을 규정하는 동서의 관점은 다르다. 그 속성은 그리스적 서양에서는 '이성(理性)'으로, 유교적 동양에서는 '인(仁)'으로 각기 달리 규정된다. 이성이 지적 속성인데 비해서 인은 도덕적 속성이다. 인은 인간으로서 가장 중요한 덕목이며 근본적 가치이다.

'인(仁)'이라는 말은 다양하게 정의되며, 그런 정의에 대한 여러 논의가 있을 수 있기는 하다. 하지만 '인(仁)'의 핵심적 의미는 어쩌면 놀랄 만큼 단순하고 명료하다. 그것은 '사람다운 심성'을 가리키고, 사람다운 심성이란 '남을 측은히 여기고 그의 인격을 존중하여 자신의 욕망과 충동을 자연스럽게 억제하는 착한 마음씨'이다. 이 때 '남'은 인간만이 아닌 자연의 모든 생명체로 확대된다. 그러므로 '인'이라는 심성은 곧 "낚시질은 하되 그물질은 안 하고, 주살을 쏘되 잠든 새는 잡지 않는다.(釣而不網, 戈不射宿)"에서 그 분명한 예를 찾을 수 있다.

유교 문화가 이런 뜻에서 '인문적'이라는 것은 유교 문화가 가치관의 측면에서 외형적이고 물질적이기에 앞서 내면적이고 정신적이며, 태도의 시각에서 자연 정복적이 아니라 자연 친화적이며, 윤리적인 시각에서 인간 중심적이 아니라 생태 중심적임을 말해준다.

여기서 질문이 나올 수 있다. 근대화 이전이라면 어떨지 몰라도 현재의 동양 문화를 위와 같은 뜻에서 정말 '인문적'이라 할 수 있는가?

나의 대답은 부정적이다. 적어도 지난 한 세기 동양의 역사는 스스로가 선택한 서양화(西洋化)라는 혼란스러운 격동의 역사였다. 서양화는 그리스적 철학, 기독교적 종교, 근대 민주주의적 정치이념 등으로 나타난 이질적 서양 문화, 특히 너무나 경이로운 근대 과학 기술 문명의 도입과 소화를 의미했다. 이러한 서양화가 전통 문화 즉 자신의 정체성의 포기 내지는 변모를 뜻하는 만큼, 심리적으로 고통스러운 것이었음에도 불구하고, 동양은 서양화가 '발전적, 진보적'이라는 것을 의심하지 않았다. 모든 것이 급속히 세계화되어 가고 있는 오늘의 동양은 문명과 문화의 면에서 많은 점이 서양과 구별할 수 없을 만큼 서양화되었다. 어느 점에서 오늘의 동양은 서양보다도 더 물질적 가치에 빠져 있으며, 경제적·기술적 문제에 관심을 쏟고 있다. 하지만 그런 가운데에서도 동양인의 감성과 사고의 가장 심층에 깔려 있는 것은 역시 동양적, 유교적 즉 '인문적'이라고 볼 수 있다. 그만큼 유교는 동양 문화가 한 세기는 물론 몇 세기 그리고 밀레니엄의 거센 비바람으로 변모를 하면서도, 근본적으로 바뀌지 않고 쉽게 흔들리지 않을 만큼 깊고 넓게 그 뿌리를 박고 있는 토양이다. 지난 한 세기 이상 '근대화', '발전'이라는 이름으로 서양의 과학 문화를 어느 정도 성공적으로 추진해 온 동양이 그런 서양화에 어딘가 불편과 갈등을 느끼는 중요한 이유의 하나는 바로 이러한 사실에서 찾을 수 있다.

55 위 글의 내용과 일치하지 않는 것은?

① 동양 문화는 서양화를 통해 성공적으로 발전했다.

② 유교 문화는 내면적이고 정신적이며 자연친화적이다.

③ 유교는 동양인의 감성과 사고의 밑바탕에 깔려있다.

④ '인'은 사람다운 심성으로, 그 대상이 모든 생명체로 확대된다.

 마지막 단락에서 동양은 근대 과학 기술 문명 도입과 소화로 물질적 발전을 이루었으나 불편과 갈등을 내포하고 있다고 하였다. 그러므로 서양화는 성공하지 못한 것이다.

56 위 글의 서술 방법을 묶은 것으로 적절한 것은?

> ㉠ 개념을 밝혀 논점을 드러낸다.
> ㉡ 주장을 유사한 이론들과 비교한다.
> ㉢ 문제점을 지적한 후 견해를 제시한다.
> ㉣ 여러 각도에서 문제를 분석하여 논지를 강화한다.

① ㉠㉡   ② ㉠㉢
③ ㉡㉢   ④ ㉡㉣

 먼저 용어의 개념을 밝혀 논점을 드러내고, 문제점을 지적한 후 그에 대한 견해를 제시하였다.

Answer 55.① 56.②

대부분의 비행체들은 공기보다 무거우며, 공중에 뜬 상태를 유지하기 위해 양력을 필요로 한다. 양력이란 비행기의 날개 같은 얇은 판을 유체 속에서 작용시킬 때, 진행 방향에 대하여 수직·상향으로 작용하는 힘을 말한다. 이러한 양력은 항상 날개에 의해 공급된다. 날짐승과 인간이 만든 비행체들 간의 주된 차이는 날개 작업이 이루어지는데 이용되는 힘의 출처에 있다. 비행기들은 엔진의 힘에 의해 공기 속을 지나며 전진하는 고정된 날개를 지니고 있다. 이와는 달리 날짐승들은 근육의 힘에 의해 공기 속을 지나는, 움직이는 날개를 지니고 있다. 그런데, 글라이더 같은 일부 비행체나 고정된 날개로 활상 비행을 하는 일부 조류들은 이동하는 공기 흐름을 힘의 출처로 이용한다. 비행기 날개의 작동 방식에 대해 우리가 알고 있는 지식은 다니엘 베르누이가 연구하여 얻은 것이다. 베르누이는 유체의 속도가 증가할 때 압력이 감소한다는 사실을 알아냈다. 크리스마스 트리에 다는 장식볼 두 개를 이용하여 이를 쉽게 확인해 볼 수 있다. 두 개의 장식볼을 1센티미터 정도 떨어뜨려 놓았을 때, 공기가 이 사이로 불어오면 장식볼은 가까워져서 서로 맞닿을 것이다. 이는 장식볼의 곡선을 그리는 표면 위로 흐르는 공기의 속도가 올라가서 압력이 줄어들기 때문으로, 장식볼들 주변의 나머지 공기는 보통 압력에 있기 때문에 장식볼들은 서로 붙으려고 하는 것이다. 프로펠러 날개는 베르누이의 원리를 활용하여 윗면은 볼록하게 만들고 아랫면은 편평하거나 오목하게 만들어진다. 프로펠러 날개가 공기 속에서 움직일 때, 두 표면 위를 흐르는 공기 속도의 차이는 윗면 쪽의 압력을 감소시키고 아랫면 쪽의 압력을 증가시킨다. 그 결과 프로펠러 날개에는 상승 추진력 혹은 양력이 생기고, 비행체는 공중에 뜰 수 있게 되는 것이다. 프로펠러 날개의 움직임 방향에 직각으로 작용하는 양력은 움직임의 방향과 반대로 작용하는 항력을 항상 수반하며, 항력은 양력과 직각을 이룬다. 두 힘의 결합을 총반동력이라고 하며, 이것은 압력중심이라고 부르는 지점을 통해 작용된다. 프로펠러 날개의 두께와 표면적을 증가시킬수록 양력이 증가된다. 또한 날개의 받음각을 경사지게 하면 각이 커질수록 양력이 증가된다. 그런데, 양력이 증가되면 항력도 증가되고, 따라서 공기 속에서 프로펠러 날개를 미는 데 더 많은 에너지가 필요하게 된다. 현대의 여객기들은 이륙과 착륙 전에 날개의 두께와 표면적이 증가되도록 하는 다양한 고양력 장치들을 지니고 있다. 받음각이 커지면 양력은 증가하지만 곧 최곳값에 도달하게 되고 그 뒤에는 급속히 떨어진다. 이를 실속되었다고 한다. 실속은 프로펠러 날개 표면에서 공기 흐름이 분리되면서 일어난다. 실속은 프로펠러 날개의 뒷전에서 시작되어 앞으로 이동해 나가고, 양력은 감소하게 된다. 대부분의 양력은 실속점에서 상실되며, 양력이 항공기의 중량을 더 이상 감당할 수 없을 정도로 작아지면 고도를 상실한다.

57 위 글의 제목으로 가장 적절한 것은?

① 날개의 작동 방식

② 비행의 기본 원리

③ 항공기의 발달 과정

④ 양력의 증가량 측정

 본문은 비행기의 날개를 베르누이의 원리를 바탕으로 설계하여 양력을 증가시키는, 비행의 기본 원리를 설명하고 있는 글이다.

58 위 글의 내용과 일치하지 않는 것은?

① 받음각이 최고값이 되면 속도가 증가한다.

② 유체의 속도가 증가하면 압력이 감소한다.

③ 비행체가 공중에 뜨기 위해서 양력이 필요하다.

④ 프로펠러는 베르누이의 원리를 활용하여 만든 것이다.

 ① 받음각이 최곳값이 되면 양력이 그 뒤로 급속히 떨어진다고 나와 있다. 따라서 속도는 감소하게 된다.

방언의 분화는 크게 두 가지 원인에 의해 발생하는 것으로 알려져 있다. 그 하나는 지역이 다름으로 써 방언이 발생하는 경우이며, 다른 하나는 사회적인 요인들, 가령 사회 계층, 성별, 세대 등의 차이에 의해 방언이 발생하는 경우이다. 지역이 다름으로 인해 형성된 방언을 지역 방언이라 한다. 두 지역 사이에 큰 산맥이나 강, 또는 큰 숲이나 늪 등의 지리적인 장애가 있을 때 지역 방언이 발생하며, 이러한 뚜렷한 장애물이 없더라도 거리가 멀리 떨어져 있으면 그 양쪽 지역 주민들 사이의 왕래가 어려워지고 따라서 두 지역의 언어는 점차 다른 모습으로 발전해 가리라는 것은 쉽게 짐작되는 일이다. 행정 구역이 다르다든가 시장권이나, 학군 등이 다르다는 것도, 서로 소원하게 함으로써 방언의 분화를 일으키는 요인이 된다. 어떠한 조건에 의해서든 이처럼 지리적인 거리로 인하여 서로 분화를 일으킨 방언 각각을 지역 방언이라 한다. 우리나라에서 흔히 '제주도 방언, 경상도 방언, 전라도 방언' 등으로 도명을 붙여 부르는 방언들이 이 지역 방언의 전형적인 예이지만 '중부 방언, 영동 방언, 흑산도 방언, 강릉 방언'과 같은 이름의 방언도 역시 훌륭한 지역 방언의 예들이다. 전통적으로 방언이라 하면 이 지역 방언을 일컬을 만큼 지역 방언은 방언 중 대표적인 존재라 할 만하다. 방언은 지역이 달라짐에 따라서만 형성되는 것이 아니다. 동일한 지역 안에서도 몇 개의 방언이 있을 수 있는 것이다. 한 지역의 언어가 다시 분화를 일으키는 것은 대개 사회 계층의 다름, 세대 · 연령의 차이, 또는 성별의 차이 등의 사회적 요인에 기인한다. 이처럼 지리적인 거리에 의해서가 아니라 사회적인 요인에 의하여 형성되는 방언을 사회 방언이라 한다. 사회 방언은 때로 계급 방언이라고 부르는 수도 있는데 이는 사회 방언이 여러 가지 사회적 요인에 의하여 형성되지만 그 중에서도 사회 계층이 가장 중요한 요인임이 일반적인 데서 연유한다. 사회 방언은 지역 방언과 함께 2대 방언의 하나를 이룬다. 그러나 사회 방언은 지역 방언만큼 일찍부터 방언 학자의 주목을 받지 못하였다. 어느 사회에나 사회 방언이 없지는 않았으나 일반적으로 사회 방언 간의 차이는 지역 방언들 사이의 그것만큼 그렇게 뚜렷하지 않기 때문이었다. 가령 20대와 60대 사이에는 분명히 방언차 ― 사회 방언으로서의 차이 ― 가 있지만 그 차이가 전라도 방언과 경상도 방언 사이의 그것만큼 현저하지는 않은 것이 일반적이며, 남자와 여자 사이의 방언차 역시 마찬가지다. 사회 계층 간의 방언차는 사회에 따라서는 상당히 현격한 차이를 보여 일찍부터 논의의 대상이 되어 오기는 하였다. 인도에서의 카스트에 의해 분화된 방언, 미국에서의 흑인 영어의 특이성, 우리 나라 일부 지역에서 발견되는 양반 계층과 일반 계층 사이의 방언차 등이 그 대표적인 예들이다. 이러한 사회 계층 간의 방언 분화는 최근 사회 언어학의 대두에 따라 점차 큰 관심의 대상이 되어 가고 있다.

59 위 글을 통해 알 수 없는 것은?

① 방언의 분화 원인은 무엇인가?

② 사회 방언에 대한 관심은 어떠한가?

③ 방언의 언어학적인 가치는 무엇인가?

④ 우리나라의 지역 방언에는 어떤 것이 있는가?

 방언의 언어학적 가치는 언급하고 있지 않다.

60 위 글로 보아 다음의 '비판' 내용으로 가장 적절한 것은?

> 전통적인 방언학은 역사 문법의 한 분야로, 분화된 언어의 옛 형태가 잘 보존되어 있으리라 생각되는 시골을 주된 연구의 대상으로 삼았다. 이런 연구 방법은 '비판'의 대상이 되었는데 이러한 비판을 바탕으로 사회 언어학이 대두되었다.

① 방언 분화의 다양한 요인을 폭넓게 고찰하지 못했다.

② 현지에서 모은 언어 자료를 분석하는 기술이 미흡했다.

③ 방언의 분화 과정을 밝히는 것은 근본적으로 불가능하다.

④ 방언 연구를 독자적인 학문의 영역으로 인정하지 않았다.

 다음에서 설명하고 있는 것은 사회 언어학은 전통적인 방언학이 시골을 주된 연구의 대상으로 삼았다는 점을 비판하면서 대두되었다고 말하고 있다. 방언의 발생 요인은 지역 차이만 있는 것이 아니라, 성별, 계층, 세대·연령 등 다양하다. 그러나 전통 방언학에서는 이러한 다양한 방언 분화 원인을 고찰하지 못하고 있다.

Answer 59.③ 60.①

유명한 인류 언어학자인 워프는 "언어는 우리의 행동과 사고의 양식을 결정하고 주조(鑄造)한다."고 하였다. 그것은 우리가 실세계를 있는 그대로 보고 경험하는 것이 아니라 언어를 통해서 비로소 인식한다는 뜻이다. 예를 들면, 광선이 프리즘을 통과했을 때 나타나는 색깔인 무지개색이 일곱 가지라고 생각하는 것은 우리가 색깔을 분류하는 말이 일곱 가지이기 때문이라는 것이다. 우리 국어에서 초록, 청색, 남색을 모두 푸르다(혹은 파랗다)고 한다. '푸른(파란) 바다', '푸른(파란) 하늘' 등의 표현이 그것을 말해 준다. 따라서, 어린이들이 흔히 이 세 가지 색을 혼동하고 구별하지 못하는 일도 있다. 분명히 다른 색인데도 한 가지 말을 쓰기 때문에 그 구별이 잘 안 된다는 것은, 말이 우리의 사고를 지배한다는 뜻이 된다. 말을 바꾸어서 우리는 언어를 통해서 객관의 세계를 보기 때문에 우리가 보고 느끼는 세계는 있는 그대로의 객관의 세계라기보다, 언어에 반영된 주관 세계라는 것이다. 이와 같은 이론은 '언어의 상대성 이론'이라고 불리워 왔다.

이와 같은 이론적 입장에 서 있는 사람들은 다음과 같은 말도 한다. 인구어(印歐語) 계통의 말들에는 열(熱)이라는 말이 명사로서는 존재하지만 그에 해당하는 동사형은 없다. 따라서, 지금까지 수백 년 동안 유럽의 과학자들은 열을 하나의 실체(實體)로서 파악하려고 노력해 왔다(명사는 실상을 가진 물체를 지칭하는 것이 보통이므로). 따라서, '열'이 실체가 아니라 하나의 역학적 현상이라는 것을 파악하기까지 오랜 시일이 걸린 것이다. 아메리카 인디언 말 중 호피 어에는 '열'을 표현하는 말이 동사형으로 존재하기 때문에 만약 호피 어를 하는 과학자가 열의 정체를 밝히려고 애를 썼다면 열이 역학적 현상에 지나지 않는 것이지 실체가 아니라는 사실을 쉽사리 알아냈을 것이라고 말한다. 그러나 실제로는 언어가 그만큼 우리의 사고를 철저하게 지배하는 것은 아니다. 물론 언어상의 차이가 다른 모양의 사고 유형이나, 다른 모양의 행동 양식으로 나타나는 것은 사실이지만 그것이 절대적인 것은 아니다. 앞에서 말한 색깔의 문제만 해도 어떤 색깔에 해당되는 말이 그 언어에 없다고 해서 전혀 그 색깔을 인식할 수 없는 것은 아니다. 진하다느니 연하다느니 하는 수식어를 붙여서 같은 종류의 색깔이라도 여러 가지로 구분하는 것이 그 한 가지 예다. 물론, 해당 어휘가 있는 것이 없는 것보다 인식하기에 빠르고 또 오래 기억할 수 있는 것이지만 해당 어휘가 없다고 해서 인식이 불가능한 것은 아니다. 언어 없이 사고가 불가능하다는 이론도 그렇다. 생각은 있으되, 그 생각을 표현할 적당한 말이 없는 경우도 얼마든지 있으며, 생각은 분명히 있지만 말을 잊어서 표현에 곤란을 느끼는 경우도 흔한 것이다. 음악가는 언어라는 매개를 통하지 않고 작곡을 하여 어떤 생각이나 사상을 표현하며, 조각가는 언어 없이 조형을 한다. 또, 우리는 흔히 새로운 물건, 새로운 생각을 이제까지 없던 새말로 만들어 명명하기도 한다.

61 윗글은 어떤 질문에 대한 대답으로 볼 수 있는가?

① 언어와 사고는 어떤 관계에 있는가?

② 문법 구조와 사고는 어떤 관계에 있는가?

③ 개별 언어의 문법적 특성은 무엇인가?

④ 언어가 사고 발달에 끼치는 영향은 무엇인가?

 이 글에서 주로 언급되는 것은 '언어', '사고'이다. 그러므로 이 글은 언어와 사고의 관계가 어떠하다는 것을 밝혀주는 글이다.

62 윗글의 논지 전개 방식에 대한 설명으로 옳은 것은?

① 자기 이론의 단점을 인정하고 다른 의견으로 보완하고 있다.

② 하나의 이론을 소개한 다음 그 이론의 한계를 지적하고 있다.

③ 대립하는 두 이론 가운데 한 쪽의 논리적 정당성을 강조하고 있다.

④ 대상에 대한 인식의 시대적 변화 과정을 체계적으로 서술하고 있다.

 글의 앞부분에서는 언어가 없으면 세계에 대한 인식도 불가능하고 사고도 불가능하다는 언어의 상대성 이론과 그 예를 설명하고 있다. 그러나 뒷부분에서는 언어의 상대성 이론을 어느 정도는 인정하지만 몇 가지 예를 들면서 언어가 철저하게 인간의 인식과 사고를 지배한다는 생각이 옳지 않을 수 있음을 밝히고 있다. 즉, '언어의 상대성 이론'의 한계를 지적하고 있는 것이다.

Answer → 61.① 62.②

일제 침략과 함께 우리말에는 상당수의 일본어가 그대로 들어와 우리말을 오염시켰다. 광복 후 한참 뒤까지도 일본말은 일상 언어생활에서 예사로 우리의 입에 오르내렸다. 일제 35년 동안에 뚫고 들어온 일본어를 한꺼번에 우리말로 바꾸기란 여간 힘든 일이 아니었다. '우리말 도로찾기 운동'이라든가 '국어 순화 운동'이 지속적으로 전개되어 지금은 특수 전문 분야를 제외하고는 일본어의 찌꺼기가 많이 사라졌다. 원래, 새로운 문물이 들어오면, 그것을 나타내기 위한 말까지 따라 들어오는 것은 자연스런 일이다. 그 동안은 우리나라가 때로는 주권을 잃었기 때문에, 때로는 먹고 사는 일에 바빴기 때문에, 우리의 가장 소중한 정신적 문화유산인 말과 글을 가꾸는 데까지 신경을 쓸 수 있는 형편이 못되었었지만, 지금은 사정이 달라졌다. 일찍이 주시경 선생은, 말과 글을 정리하는 일은 집안을 청소하는 일과 같다고 말씀하셨다. 집안이 정리가 되어 있지 않으면 정신마저 혼몽해지는 일이 있듯이, 우리말을 갈고 닦지 않으면 국민정신이 해이해지고 나라의 힘이 약해진다고 보았던 것이다. 이러한 정신이 있었기 때문에, 일제가 통치하던 어려운 환경 속에서도 우리 선학들은 우리말과 글을 지키고 가꾸는 일에 혼신의 정열을 기울일 수 있었던 것이다. 나는 얼마 전, 어느 국어학자가 정년을 맞이하면서 자신과 제자들의 글을 모아서 엮어 낸 수상집의 차례를 보고, 우리말을 가꾸는 길이란 결코 먼 데 있는 것이 아니라는 사실을 깊이 깨달은 일이 있다. 차례를 '첫째 마당, 둘째 마당', '첫째 마디, 둘째 마디'와 같은 이름을 사용하여 꾸몄던 것이다. 일상생활에서 흔히 쓰는 '평평하게 닦아 놓은 넓은 땅'을 뜻하는 '마당'에다 책의 내용을 가른다는 새로운 뜻을 준 것이다. 새로운 낱말을 만들 때에는 몇몇 선학들이 시도했듯이 '매, 가름, 목'처럼 일상어와 인연을 맺기가 어려운 것을 쓰거나, '엮, 묶'과 같이 낱말의 한 부분을 따 오는 방식보다는 역시 일상적으로 쓰는 말에 새로운 개념을 불어넣는 방식을 취하는 것이 언어 대중의 기호를 충족시킬 수 있겠다고 생각된다. 내가 어렸을 때, 우리 고장에서는 시멘트를 '돌가루'라고 불렀다. 이런 말들은 자연적으로 생겨난 훌륭한 우리 고유어인데도 불구하고, 사전에도 실리지 않고 그냥 폐어가 되어 버렸다. 지금은 고향에 가도 이런 말을 들을 수 없으니 안타깝기 그지없다. 고속도로의 옆길을 가리키는 말을 종전에 써 오던 용어인 '노견'에서 '갓길'로 바꾸어 언중이 널리 사용하는 것을 보고, '우리의 언어생활도 이제 바른 방향을 잡아 가고 있구나.' 하고 생각했던 적이 있다.

63 윗글의 내용을 통해 알 수 있는 내용이 아닌 것은?

① 일제 침략 이후 우리나라에 많은 일본어가 들어와 사용되었다.

② 일제 치하에서 우리의 말과 글을 가꾸는 것은 쉽지 않은 일이었다.

③ 주시경 선생은 우리의 말과 글을 가꾸기 위한 구체적 방법을 제시하였다.

④ 국어학을 전공하지 않은 사람들에 의해서도 외래어를 대체할 수 있는 우리말이 만들어졌다.

> (Tip) 주시경 선생이 우리말과 글을 가꾸기 위한 구체적인 방법을 제시했다는 것을 추리할 수 있는 말은 위 글에서 찾을 수 없다.

64 윗글의 내용으로 보아, 우리말을 가꾸기 위한 방안을 제시할 때 가장 적절한 것은?

① 우리말을 오염시키는 외래어는 모두 고유어로 바꾸도록 하자.

② 새롭게 낱말을 만들 때에는 낱말의 한 부분을 따오도록 하자.

③ 언중이 쉽게 받아들일 수 있는 고유어를 적극 살려 쓰도록 하자.

④ 한자어는 이미 우리말로 굳어졌으니까 일본어에서 유래된 말만 고유어로 다듬도록 하자.

> (Tip) 이 글은 구체적인 사례를 들어가면서, 우리말을 풍부하게 가꾸는 방법으로, 언중의 호응을 받을 수 있는 고유어를 대중의 기호에 맞게 살려 쓰는 방안을 제안하고 있다.

Answer ┌→ 63.③ 64.③

인류 종교사에 나타나는 종교적 신념 체계는 다양한 유형으로 나타난다. 이 유형 간의 관계를 균형 있게 이해할 때 우리는 시대 정신과 신념 체계와의 관계를 구조적으로 밝힐 수 있다. 그러면 이 유형들의 주된 관심사와 논리적 태도를 살펴보자. 먼저 기복형은 그 관심이 질병이나 재앙과 같은 현세의 사건을 구체적으로 해결해 보려는 행위로 나타난다. 그러므로 이 사유 체계에서는 삶의 이상이 바로 현세적 조건에 놓여진다. 현세의 조건들이 모두 충족된 삶은 가장 바람직한 이상적 삶이 되는 것이다. 따라서 기복 행위는 비록 내세의 일을 빈다 할지라도 내세의 이상적 조건을 현세의 조건에서 유추한다. 이와 같은 기복사상은 현세적 삶의 조건을 확보하고 유지하는 것을 중심 과제로 여기기 때문에 철저히 현실 조건과 사회 질서를 유지하려는 경향이 강하다. 이 때문에 주술적 기복 행위는 근본적으로 이기적 성격을 지니며 행위자의 내면적 덕성의 함양은 그 관심 밖에 머무는 것이다. 다음으로 구도형은 인간 존재의 실존적 제약에 대한 인식을 바탕으로 이상적인 자아 완성을 추구하는 존재론적 문제에 관심을 집중한다. 이러한 사상 체계에서는 현실적 조건과 이상 사이의 커다란 차이를 인식하고 그것을 바탕으로 현세적 조건들을 재해석한다. 그 결과 우주와 사회와 인간이 하나의 원칙에 의해서 동일한 질서를 유지하고 있다는 신념, 이른바 우주관을 갖게 된다. 그런데 이 같은 전인적 이상과 진리의 실천이라는 목표를 달성하기 위해 구도자에게 극기와 고행이 요구된다. 또한 고행은 그의 실천 자체가 중대한 의미를 지니며 전인적 목표와 동일한 의미를 갖는다. 때문에 구도자의 주된 관심은 전인적 이상과 진리의 실천이며 세속적 일들과 사회적 사건은 그의 관심 밖으로 밀려 나가게 된다. 끝으로 개벽형은 이상 세계의 도래를 기대하며 그 때가 올 것을 준비하는 일에 관심이 집중된다. 이상 세계가 오면 지금까지의 사회적 문제들과 개인 생존의 어려움이 모두 일거에 해결된다고 믿는다. 현재의 사회 조건과 이상적 황금 시대의 조건과 차이가 심하면 심할수록 새 시대의 도래는 극적이며 시대의 개벽은 더 장엄하고 그 충격은 더 크게 마련이다. 그러므로 개벽사상은 사회의 본질적 변혁을 추구하는 개혁 의지와 이상 사회에 대한 집단적 꿈이 깃들여 있다. 이러한 개벽 사상에서는 주술적 생존 동기나 구도적 고행주의는 한낱 무기력하고 쓸모없는 덕목으로 여겨질 뿐이다. 개벽 사상은 한마디로 난세의 철학이며 난세를 준비하는 혁명 사상인 것이다. 한 종교 사상 안에는 이와 같은 세 유형의 신념 체계가 공존하고 있다. 그 중의 하나가 특별히 강조되거나 둘 또는 세 개의 유형이 동시에 강조되어 그 사상의 지배적 성격을 결정하는 것이다. 기복, 구도, 개벽의 삼대 동기는 사실 인간의 종교적 염원의 삼대 범주를 이루고 있다. 인간이 근원적으로 희망하는 것이 있다면 이 세 개의 형태로 나타날 것이다. 그러므로 이 삼대 동기가 동시에 공존하면서 균형을 유지할 때 가장 조화된 종교 사상을 이루게 된다.

65 위 글이 어떤 질문에 대한 대답의 글이라고 할 때 그 질문으로 가장 적절한 것은?

① 종교는 현실을 어떻게 반영하는가?

② 종교와 인간의 본성은 어떤 관계가 있는가?

③ 종교는 인간의 신념을 어떻게 구현하고 있는가?

④ 종교는 인간의 이상을 얼마만큼 실현시킬 수 있는가?

Tip 종교에 인간의 신념 체계가 어떻게 구현되는지를 묻고 있으므로 ③번이 정답이다.

66 위 글의 내용과 일치하지 않는 것은?

① 기복형은 현세적 조건의 만족을 추구하는 신념 체계이다.

② 윤리적, 도덕적 덕성의 함양은 신념 체계의 공통된 목표이다.

③ 구도형은 우주와 사회와 인간이 동일한 질서를 유지하고 있다고 믿는다.

④ 개벽형은 현실의 문제와 이상 세계의 괴리감에 대한 각성을 기반으로 한다.

Tip 윤리적, 도덕적 덕성의 함양은 구도형 신념 체계이므로 정답은 ②번이다.

Answer 65.③ 66.②

1950년대 후반 추상표현주의의 주관성과 엄숙성에 반대하여 팝아트가 시작되었다. 팝아트는 매스미디어와 대중문화의 시각 이미지를 적극적으로 수용하고자 했다. 팝송이 대중에 의해 만들어진 것이 아니라 전문가가 만들어 대중에게 파급시켰듯이, 팝아트도 그렇게 대중에게 다가간 예술이다. 팝아트는 텔레비전, 상품 광고, 쇼윈도, 교통 표지판 등 복합적이고 일상적인 것들뿐만 아니라, 코카콜라, 만화 속의 주인공, 대중 스타 등 평범한 소재까지도 미술 속으로 끌어들였다. 그 결과 팝아트는 순수 예술과 대중 예술이라는 이분법적 구조를 불식시켰다. 이런 점에서 팝아트는 당시의 현실을 미술에 적극적으로 수용했다는 긍정적인 측면이 있다. 그러나 팝아트는 다다이즘에서 발원한 반(反)예술 정신을 미학화시켰을 뿐, 상품 미학에 대한 비판적 대안을 제시하기보다는 오히려 소비문화에 굴복했다는 비판을 받기도 했다. 이러한 팝아트는 직물 무늬 디자인에 영향을 끼쳤다. 목 주위로 돌아가면서 그려진 구슬 무늬, 벨트가 아니면서 벨트처럼 보이는 무늬, 뒤에서 열리지만 마치 앞에 달린 것처럼 찍힌 지퍼 무늬 등이 그것이다. 이처럼 착시 효과를 내는 무늬들은 앤디 워홀이 실크스크린으로 찍은 캠벨 수프 깡통, 실제 빨래집게를 크게 확대한 올덴버그의 작품이나, 존스가 그린 성조기처럼 평범한 사물을 확대하거나 그대로 옮겨 그린 것과 그 맥을 같이한다. 한편 옵아트는 순수한 시각적 미술을 표방하며 팝아트보다 다소 늦은 1960년대에 등장했다. 옵아트를 표방하는 사람들은 옵아트란 아무런 의미도 담지 않은 순수한 추상미술을 추구하기 위해 탄생된 미술이라고 주장한다. 이를 위해 그들은 가장 단순한 선, 형태, 명도 대비, 색, 점들을 나란히 놓아서 눈이 어지러운 시각적 효과를 만들어냈다. 그들은 옵아트가 색과 형태의 정적인 힘을 변화시켜 동적인 반응을 유발하고, 이를 통해 시각의 기능이 활성화된다고 주장했다. 또한 옵아트는 기존의 조화와 질서를 중시하던 일반적인 미술이나 구성주의적 추상 미술과는 달리, 사상이나 정서와는 무관하게 원근법상의 착시, 색채의 장력을 통하여 순수한 시각적 효과를 추구했다. 그리고 빛이나 색, 또는 형태를 통하여 3차원적인 다이나믹한 움직임을 보여 주기도 했다. 그러나 옵아트는 지나치게 지적이고 조직적이며 차가운 느낌을 주기 때문에 인문 과학보다는 자연과학에 더 가까운 예술이다. 이러한 특성 때문에 옵아트 옹호자들은 옵아트가 시각적 경험에 대한 과학적인 연구를 바탕으로 한 결과라고 주장한다. 옵아트는 특히 직물의 무늬 디자인에 상당한 영향을 끼쳤다. 줄무늬나 체크무늬 등 시각적 착시를 일으키는 디자인 가운데는 옵아트의 직접적인 영향을 받은 것이 상당수 있다. 한편 옵아트는 사고와 정서가 배제된 계산된 예술이고 오로지 착시를 유도하여 수수께끼를 즐기는 것에 불과하다는 비판을 받기도 했다.

67 위 글을 통해 내용을 확인할 수 없는 질문은?

① 팝아트의 소재는 무엇인가?

② 팝아트에 대한 평가는 어떠한가?

③ 옵아트는 어떤 경향을 띠고 있는가?

④ 옵아트의 대표적 예술가는 누구인가?

 이 글에서 '팝아트'의 대표적 인물은 소개되고 있으나 '옵아트'의 대표적 인물에 대한 언급은 없다.

68 위 글의 내용 전개상 특징을 바르게 묶은 것은?

> ㉠ 대상의 특성을 밝히고 한계점을 언급하고 있다.
> ㉡ 구체적 사례를 들어 독자들의 이해를 돕고 있다.
> ㉢ 전문가의 연구 결과를 소개하여 독자의 이해를 돕고 있다.
> ㉣ 대상의 등장 배경을 소개하고 발전 방향도 전망하고 있다.

① ㉠㉡　　　　　　　　　　　② ㉠㉢

③ ㉡㉢　　　　　　　　　　　④ ㉡㉣

 팝아트와 옵아트의 등장 배경에 대한 언급은 부분적으로 있으나 미래의 발전 방향에 대한 전망은 없으며, 또 전문가들의 연구 결과에 대한 내용은 없다.

Answer ┌→ 67.④　68.①

현대는 콘텐츠의 시대다. 콘텐츠가 시대적 화두가 되고 있지만 사실 우리는 콘텐츠라는 용어에 대해 합의된 정의조차 내리지 못하고 있다. 콘텐츠란 무엇인가? 콘텐츠(contents)의 사전적 의미는 '내용이나 목차'이다. 우리 일상에서도 콘텐츠란 말은 너무나 자주 사용된다. 내용에 해당되는 것이 콘텐츠겠지만 문화콘텐츠, 인문콘텐츠, 디지털콘텐츠라는 용어에서의 콘텐츠가 과연 단순한 내용물을 이야기하는 것일까? 콘텐츠는 단순한 내용물이 아니다. 결론부터 말하자면 콘텐츠는 테크놀로지를 전제로 하거나 테크놀로지와 결합된 내용물이라고 할 수 있다. 원론적으로 콘텐츠는 미디어를 필요로 한다. 미디어는 기술의 발현물이다. 텔레비전이라는 미디어는 기술의 산물이지만 여기에는 프로그램 영상물이라는 콘텐츠를 담고 있으며, 책이라는 기술미디어에는 지식콘텐츠를 담고 있다. 결국 미디어와 콘텐츠는 분리될 수 없는 결합물이다. 시대가 시대이니만큼 콘텐츠의 중요함은 새삼 강조할 필요가 없어 보인다. 그러나 콘텐츠만 강조하는 것은 의미가 없다. 콘텐츠는 본질적으로 내용일 텐데, 그 내용은 결국 미디어라는 형식이나 도구를 빌어 표현될 수밖에 없기 때문이다. 그러므로 아무리 우수한 콘텐츠를 가지고 있더라도 미디어의 발전이 없다면 콘텐츠는 표현의 한계를 가질 수밖에 없다. 문화도 마찬가지이다. 문화의 내용이나 콘텐츠는 중요하다. 하지만 일반적으로 사람들은 문화를 향유할 때, 콘텐츠를 선택하기에 앞서 미디어를 먼저 결정한다. 전쟁물, 공포물을 감상할까 아니면 멜로나 판타지를 감상할까를 먼저 결정하는 것이 아니라 영화를 볼까 연극을 볼까 아니면 TV를 볼까 하는 선택이 먼저라는 것이다. 그런 다음, 영화를 볼 거면 어떤 개봉 영화를 볼까를 결정한다. 어떤 내용이냐도 중요하지만 어떤 형식이냐가 먼저이다. 가령, 〈태극기 휘날리며〉나 〈실미도〉라는 대중적인 흥행물은 영화라는 미디어를 통해 메시지를 전달하고 있다. 〈태극기 휘날리며〉나 〈실미도〉는 책으로 읽을 수도 있고, 연극으로 감상할 수도 있다. 하지만 흥행에 성공한 것은 영화라는 미디어였다. 여기서 중요한 것은 메시지나 콘텐츠를 어떤 미디어를 통해 접하는가이다. 아무래도 영화로 생생한 감동을 느끼는 〈태극기 휘날리며〉와 차분히 책장을 넘기며 감상하는 〈태극기 휘날리며〉는 수용자의 입장에서 보면 큰 차이가 있다. 감각을 활용하는 것은 콘텐츠보다는 미디어와 관련이 있다. 따라서 미디어의 차이는 단순한 도구의 차이가 아니라 메시지의 수용과도 연결된다. 요컨대 미디어는 단순한 기술이나 도구가 아니다. 미디어는 콘텐츠를 표현하고 실현하는 최종적인 창구이다. 시대적으로 콘텐츠의 중요성이 강조되고 있지만 이에 못지않게 미디어의 중요성이 부각되어야 할 것이다. 콘텐츠가 아무리 좋아도 이를 문화 예술적으로 완성시켜 줄 미디어 기술이 없으면 콘텐츠는 대중적인 반향을 불러일으킬 수 없고 부가 가치를 창출할 수도 없기 때문이다.

69 위 글의 제목으로 적절한 것은?

① 테크놀로지의 미래
② 콘텐츠의 경제적 가치
③ 콘텐츠와 미디어의 관계
④ 테크놀로지의 수용 태도

 이 글은 콘텐츠뿐만 아니라 미디어도 중요하다고 밝히면서, 미디어가 없으면 콘텐츠는 문화 예술적으로 완성되기 어렵다는 논점을 펼치고 있다.

70 위 글의 논지 전개상 특징으로 가장 적절한 것은?

① 구체적인 사례를 들어 독자의 이해를 돕고 있다.
② 상반되는 견해를 제시한 후 합일점을 찾아가고 있다.
③ 추상적인 내용을 익숙한 경험에 비유하여 설명하고 있다.
④ 가설을 소개하고 가설이 지닌 의의 및 한계를 분석하고 있다.

 미디어라는 형식의 중요함을 주장하기 위해 다섯째 단락에서 구체적인 예를 들고 있다.

Answer 69.③ 70.①

02 수리영역

1 영미는 소금물 A의 300g과 소금물 B의 100g을 섞어 35%의 소금물을 만들 계획이었지만 그러나 실수로 두 소금물 양을 반대로 섞어 15%의 소금물을 만들었다. 다음 중 두 소금물의 농도는 얼마인가?

	소금물 A의 농도	소금물 B의 농도
①	30%	20%
②	35%	15%
③	40%	10%
④	45%	5%

> **Tip** 소금물 A의 농도를 x%, 소금물 B의 농도를 y%라 하면,
>
> • 계획했던 소금물은 $\dfrac{300 \times \dfrac{x}{100} + 100 \times \dfrac{y}{100}}{300 + 100} \times 100 = 35\%$
>
> • 실수로 만든 소금물은 $\dfrac{100 \times \dfrac{x}{100} + 300 \times \dfrac{y}{100}}{100 + 300} \times 100 = 15\%$
>
> 두 식을 정리하면 $\begin{cases} 3x + y = 140 \\ x + 3y = 60 \end{cases}$ 이므로,
>
> $\therefore x = 45\%, \ y = 5\%$

2 어떤 일을 A가 3일 동안 하고 남은 일을 B와 함께 하면 5일이 걸린다. 또한 같은 일을 B가 2일 동안 하고 남은 일을 A와 함께 하면 4일이 걸린다. A과 B가 각각 이 일을 혼자 한다면 며칠이 걸리겠는가?

	A	B
①	22일	4일
②	24일	5일
③	26일	6일
④	28일	7일

㉠ A의 하루 작업량을 A, B의 하루 작업량을 B라고 하면,

- $3A + 5(A + B) = 1$
- $2B + 4(A + B) = 1$

㉡ 두 식을 정리하면,

$$\begin{cases} 8A + 5B = 1 \\ 4A + 6B = 1 \end{cases} \Rightarrow \begin{cases} 8A + 5B = 1 \\ 8A + 12B = 2 \end{cases} \Rightarrow \begin{cases} 8A = 1 - 5B \\ 8A = 2 - 12B \end{cases}$$

㉢ $1 - 5B = 2 - 12B$, $\therefore B = \dfrac{1}{7}$ (B가 이 일을 혼자하면 7일이 걸린다.)

㉣ 다른 식에 B를 대입하면, $\therefore A = \dfrac{1}{28}$ (A가 이 일을 혼자하면 28일이 걸린다.)

3 가로의 길이가 485m, 세로의 길이가 370m인 땅의 둘레에 일정한 간격으로 나무를 심으려고 할 때, 필요한 나무는 최소 몇 개가 되는가? (단, 땅의 모양은 직사각형이고, 네 모퉁이에 반드시 나무를 심어야 한다)

① 345   ② 344

③ 343   ④ 342

 485m와 370m의 최대공약수인 5m마다 나무를 심으면,
$2(485 \div 5) + 2(370 \div 5) = 194 + 148 = 342$개

4 서울역에서 오전 6시부터 부산과 목포로 가는 기차가 20분, 25분 간격으로 배차된다. 오후 1시 이후에 출발하는 기차 중 같은 시간에 부산과 목포로 가는 기차를 예약할 때, 구매할 수 있는 가장 빠른 시간의 차표는?

① 오후 1시 30분   ② 오후 1시 40분

③ 오후 2시 10분   ④ 오후 2시 20분

 ㉠ 20, 25의 최소공배수는 100이고, 오후 1시는 오전 6시부터 7시간($=420$분)이 지났으므로,
$100n \geq 420$, $\therefore n \geq 4.2$
㉡ $n = 5$이므로, $100 \times 5 = 500$이고, $500 = (60 \times 8) + 20$이 된다.
따라서 오전 6시보다 8시간 20분이 늦은 오후 2시 20분이 된다.

Answer → 1.④   2.④   3.④   4.④

5 가로의 길이가 150cm, 세로 길이가 175cm인 직사각형 바닥에 가능한 큰 정사각형 모양의 타일을 빈틈없이 깔을 때, 타일의 한 변의 길이는?

① 22cm
② 23cm
③ 24cm
④ 25cm

> (Tip) 타일의 한 변의 길이는 바닥 가로, 세로의 최대 공약수를 구하면 된다.
> 따라서 150과 175의 최대 공약수는 25cm이다.

6 아날로그 시계에서 7시와 8시 사이에 시침과 분침이 겹치는 시각은? (단, 시침과 분침의 움직임만 고려하고, 소수점 첫째자리에서 반올림한다)

① 7시 34분
② 7시 36분
③ 7시 38분
④ 7시 40분

> (Tip) ㉠ 시침의 움직임은
> • 7시는 12시 위치를 기준으로 210°에 해당한다.
> • 1시간 동안 시침은 30° 움직이므로, $\frac{30°}{60분}$=분당 0.5°씩 움직인다.
>
> ㉡ 분침의 움직임은
> • 분침은 매 시간마다 12시 위치를 시작으로 360° 움직인다.
> • 1시간 동안 분침은 360° 움직이므로, $\frac{360°}{60분}$=분당 6°씩 움직인다.
>
> ㉢ 소요된 시간을 x분이라 할 때, 시침과 분침이 만나는 위치는
> $210° + 0.5° x = 6° x$
> $\therefore x = 38° \, (38분)$

7 S사는 설문조사를 통해 남자 직원 중 A메신저를 사용하는 비율이 50%에 달하는 것을 확인했다. 총 직원 수는 300명이고, 여성 비율은 62%를 차지한다. 다음 중 전체 직원에 대한 메신저를 사용하는 남자 직원의 비율은?

① 15%
② 17%
③ 19%
④ 21%

> (Tip) ㉠ 여성 비율이 62%이면 남자 비율은 38%이므로, 남자 직원의 수는 300×0.38=114명
> ㉡ A메신저를 사용 중인 남자 직원은 50%이므로, 114×0.5=57명
> ㉢ A메신저를 사용 중인 남자 직원은 전체의 $\frac{57}{300}×100=19\%$에 해당한다.

8 서원버스의 첫 차가 5시 50분에 출발하여 6시 50분에 출발한 차까지 총 5대의 버스가 출발했을 때, 서원버스의 배차시간은?

① 12분   ② 13분

③ 14분   ④ 15분

> (Tip) 첫 차를 제외하면 60분 동안 4대의 버스가 배차된 것이다.
> 따라서 $60 \div 4 = 15$분 간격으로 배차되었다.

9 H산업의 적성고사 합격자의 평균은 70점, 불합격자의 평균은 40점, 시험 전체 평균 점수는 64점이었다. 응시자가 총 200명일 때, 합격자 수는?

① 100명   ② 120명

③ 140명   ④ 160명

> (Tip) 합격자 수를 x라 하면,
> $64 \times 200 = 70 \times x + 40 \times (200 - x)$
> $\therefore x = 160$명

10 가로가 485cm, 세로가 576cm인 직사각형 벽에 가로 97등분, 세로 96등분 한 자리에 맞는 타일을 붙이려고 한다. 다음 중 타일의 둘레는?

① 16cm   ② 18cm

③ 20cm   ④ 22cm

> (Tip) ㉠ 타일의 가로 길이는 $485 \div 97 = 5$cm
> ㉡ 타일의 세로 길이는 $576 \div 96 = 6$cm
> 따라서 타일의 둘레는 $2(5+6) = 22$cm이다.

Answer ↝ 5.④   6.③   7.③   8.④   9.④   10.④

11 의진이는 1시간마다 9배로 분열하는 세포를 발견했다. 세포 관찰 시작 후 3개의 세포가 2,187개가 되었다면 몇 시간이 지났겠는가?

① 1시간   ② 2시간

③ 3시간   ④ 4시간

 지난 시간을 x라 하면,

$3 \times 9^x = 2187$

$\therefore x = 3$(시간)

12 다나는 책 1권을 읽는데 2시간 48분이 걸린다. 하루에 7시간씩 읽는다면 30일 동안 총 몇 권을 읽겠는가?

① 65권   ② 75권

③ 85권   ④ 95권

 총 읽은 권 수를 x라 하면,

$x = \dfrac{7(\text{시간}) \times 30(\text{일})}{2\text{시간}48\text{분}} = \dfrac{420(\text{분}) \times 30(\text{일})}{168(\text{분})} = 75(\text{권})$

13 둘레가 5km인 운동장을 승희가 걷고 있다. 승연이는 승희가 출발하고 10분 후에 반대 방향으로 출발하여 40분 후에 만나게 되었다면 승희가 걷는 속도는? (단, 승연이가 걷는 속도는 50m/min이다.)

① 30m/min   ② 40m/min

③ 50m/min   ④ 60m/min

 승희가 걷는 속도를 x/min이라 하면,

$x(40+10) + 50 \times 40 = 5,000$

$\therefore x = 60m/min$

14 부피가 $210cm^3$, 높이가 $7cm$, 밑면의 세로의 길이가 가로보다 $13cm$ 긴 직육면체가 있다. 이 직육면체의 밑면의 넓이는?

① $20cm^2$

② $25cm^2$

③ $30cm^2$

④ $35cm^2$

 ㉠ 부피＝가로×세로×높이
가로의 길이를 x라 하면,
$(x+13) \times x \times 7 = 210$
$x^2 + 13x - 30 = 0$
$(x+15)(x-2) = 0$이므로 $\therefore x = 2$
㉡ 밑면의 넓이＝가로×세로
$\therefore$ 밑면의 넓이 $= 2 \times 15 = 30cm^2$

15 40%의 소금물 $80g$과 새로 구매한 소금물을 섞어 34% 농도의 소금물을 만들었다. 새로 구매한 소금물이 $120g$일 때, 추가된 소금은 몇 g인가?

① $22g$

② $28g$

③ $36g$

④ $42g$

 ㉠ 40% 소금물의 소금의 양은 $0.4 \times 80 = 32g$
㉡ 새로 구매한 소금물의 소금의 양을 x라 하면,
$\dfrac{32+x}{80+120} \times 100 = 34\%$
$\therefore x = 36g$

16 A팀과 B팀이 승부차기에서 단 한 번의 기회만 남겨두고 있다. A팀이 골을 넣을 확률은 70%이고, 결국 무승부가 되었다면 B팀이 골을 넣을 확률은 얼마인가? (단, 무승부가 될 확률은 46%이다.)

① 40%

② 50%

③ 60%

④ 70%

 B팀이 골을 넣을 확률을 x라 하면,

- A팀과 B팀이 각각 골을 넣을 경우 : $\dfrac{70}{100} \times \dfrac{x}{100} = \dfrac{70x}{10000}$

- A팀과 B팀이 각각 골을 못 넣을 경우 :

$(1 - \dfrac{70}{100}) \times (1 - \dfrac{x}{100}) = \dfrac{30}{100} \times \dfrac{100-x}{100} = \dfrac{3000 - 30x}{10000}$

따라서 $\dfrac{70x}{10000} + \dfrac{3000 - 30x}{10000} = \dfrac{46}{100}$

$\therefore x = 40(\%)$

17 맞물려 있는 두 톱니바퀴의 톱니 수는 각각 36개, 38개이다. 두 톱니바퀴가 회전하여 처음 맞물렸던 위치로 돌아오려면, 톱니 수가 57개인 톱니바퀴는 몇 바퀴 회전해야 하는가?

① 11바퀴

② 12바퀴

③ 13바퀴

④ 14바퀴

 36과 38의 최소공배수는 684이다. 따라서 톱니 수가 57개인 톱니바퀴는 12바퀴 회전해야 한다.

18 주사위 2개를 던져 나오는 눈의 수를 각각 십의 자리, 일의 자리의 숫자로 만들 때, 42보다 큰 정수의 개수는?

① 13개

② 14개

③ 15개

④ 16개

 42보다 큰 정수가 되려면
- 십의자리에 4가 오는 경우 일의 자리에 3, 4, 5, 6이 가능하다.
- 십의자리에 5 또는 6이 오는 경우 일의 자리에 1, 2, 3, 4, 5, 6이 가능하다.
따라서 42보다 큰 정수는 4+6+6=16개이다.

19 2진법의 수 10001과 5진법의 수 1220의 실제 수의 곱은?

① 1154 ② 2451

③ 3145 ④ 4532

⊙ $1 \times 2^4 + 0 \times 2^3 + 0 \times 2^2 + 0 \times 2^1 + 1 \times 2^0 = 17$
ⓛ $1 \times 5^3 + 2 \times 5^2 + 2 \times 5^1 + 0 \times 5^0 = 185$
∴ $17 \times 185 = 3145$

20 한국사능력검정시험에 응시한 사람 중 여자는 총 25명이 응시하여 평균 76점이었다. 남자 응시자의 평균점수가 72점이면, 남자는 총 몇 명이 응시하였는가? (단, 남녀 전체 평균 점수는 73점으로 가정한다.)

① 55명 ② 65명

③ 75명 ④ 85명

남자 응시자의 수를 x라 하면,
$$\frac{x \times 72 + 25 \times 76}{x + 25} = 73$$
∴ $x = 75$(명)

Answer↪ 16.① 17.② 18.④ 19.③ 20.③

▌21~22 ▌ 다음은 철수의 3월 생활비 40만 원의 항목별 비율을 나타낸 자료이다. 물음에 답하시오.

구분	학원비	식비	교통비	기타
비율(%)	35	15	35	15

21 식비 및 교통비의 지출 비율이 아래 표와 같을 때 다음 설명 중 가장 적절한 것은 무엇인가?

〈표1〉 식비 지출 비율

항목	채소	과일	육류	어류	기타
비율(%)	30	20	25	15	10

〈표2〉 교통비 지출 비율

교통수단	버스	지하철	자가용	택시	기타
비율(%)	50	25	15	5	5

① 식비에서 채소 구입에 사용한 금액은 교통비에서 자가용 이용에 사용한 금액보다 크다.
② 교통비에서 지하철을 타는데 지출한 비용은 식비에서 육류를 구입하는데 지출한 비용의 약 2.3배에 달한다.
③ 철수의 3월 생활비 중 교통비에 지출된 금액은 총 12만 5천 원이다.
④ 교통비에서 자가용을 타는데 지출한 금액은 식비에서 과일과 어류를 구입하는데 지출한 비용보다 크다.

Tip 각각의 금액을 구해보면 다음과 같다.

철수의 3월 생활비 40만 원의 항목별 비율과 금액

구분	학원비	식비	교통비	기타
비율(%)	35	15	35	15
금액(만 원)	14	6	14	6

〈표1〉 식비 지출 비율과 금액

항목	채소	과일	육류	어류	기타
비율(%)	30	20	25	15	10
금액(만 원)	1.8	1.2	1.5	0.9	0.6

〈표2〉 교통비 지출 비율과 금액

교통수단	버스	지하철	자가용	택시	기타
비율(%)	50	25	15	5	5
금액(만 원)	7	3.5	2.1	0.7	0.7

① 식비에서 채소 구입에 사용한 금액 : 1만 8천 원

  교통비에서 자가용 이용에 사용한 금액 : 2만 1천 원

② 교통비에서 지하철을 타는데 지출한 비용 : 3만 5천 원

  식비에서 육류를 구입하는데 지출한 비용 : 1만 5천 원

③ 철수의 3월 생활비 중 교통비 : 14만 원

④ 교통비에서 자가용을 타는데 지출한 금액 : 2만 1천 원

  식비에서 과일과 어류를 구입하는데 지출한 비용 : 1만 2천 원+9천 원

22 철수의 2월 생활비가 35만 원이었고 각 항목별 생활비의 비율이 3월과 같았다면 3월에 지출한 교통비는 2월에 비해 얼마나 증가하였는가?

① 17,500원

③ 20,500원

② 19,000원

④ 22,000원

 2월 생활비 35만원의 항목별 금액은 다음과 같다.

구분	학원비	식비	교통비	기타
비율(%)	35	15	35	15
금액(만 원)	12.25	5.25	12.25	5.25

따라서 3월에 교통비가 14만 원이므로 2월에 비해 17,500원 증가하였다.

▌23~24 ▌ 다음은 주식시장에서 외국인의 최근 한 달간의 주요 매매 정보 자료이다. 물음에 답하시오.

순매수			순매도		
종목명	수량(백 주)	금액(백만 원)	종목명	수량(백 주)	금액(백만 원)
A 그룹	5,620	695,790	가 그룹	84,930	598,360
B 그룹	138,340	1,325,000	나 그룹	2,150	754,180
C 그룹	13,570	284,350	다 그룹	96,750	162,580
D 그룹	24,850	965,780	라 그룹	96,690	753,540
E 그룹	70,320	110,210	마 그룹	12,360	296,320

23 다음 설명 중 옳은 것은?

① 외국인은 가 그룹의 주식 8,493,000주를 팔아치우고 D그룹의 주식 1,357,000주를 사들였다.

② C 그룹과 D 그룹, E 그룹의 순매수량의 합은 B 그룹의 순매수량 보다 작다.

③ 다 그룹의 순매도량은 라 그룹의 순매도량 보다 작다.

④ 나 그룹의 순매도액은 598,360(백만 원)이다.

 ② $13,570 + 24,850 + 70,320 = 108,740$

24 다음 중 옳지 않은 것은?

① 외국인들은 A 그룹보다 D 그룹의 주식을 더 많이 사들였다.

② 가 그룹과 마 그룹의 순매도량의 합은 다 그룹의 순매도량보다 많다.

③ 나 그룹의 순매도액은 라 그룹의 순매도액보다 많다.

④ A 그룹과 D 그룹의 순매수액의 합은 B 그룹의 순매수액보다 작다.

 ④ $695,790 + 965,780 = 1,661,570$

25 다음은 2015년 국가별 수출입 실적표이다. 표에 대한 설명 중 옳지 않은 것은?

국가	수출건수	수출금액	수입건수	수입금액	무역수지
브라질	485,549	9,685,217	68,524	4,685,679	4999538
중국	695,541	26,574,985	584,963	14,268,957	12306028
인도	74,218	6,329,624	19,689	967,652	5361972
그리스	54,958	7,635,148	36,874	9,687,452	−2052304

① 2015년 수출금액이 가장 큰 국가는 중국이다.

② 그리스는 위 4개국 중 수출건수가 가장 적다.

③ 브라질과 인도의 무역수지를 더한 값은 중국의 무역수지 값보다 크다.

④ 브라질과 그리스의 수입금액의 합은 중국의 수입금액보다 크다.

 ③ 브라질과 인도의 무역수지를 더한 값은 중국의 무역수지 값보다 작다.
　① 중국이 26,574,985로 수출금액이 가장 크다.
　② 그리스는 54,958로 수출건수가 가장 적다.
　④ 브라질과 그리스의 수입금액의 합은 14,373,131로 중국의 수입금액보다 104,174 크다.

26 다음은 수도권의 일부 도로에 대한 자료이다. 외각순환도로 7km의 건설비는 얼마인가?

분류	도로수	총길이	건설비
고속화도로	7	80km	50억
외각순환도로	9	160km	300억
자동차전용도로	11	120km	200억
합계	27	360km	550억

① 약 13.3억 원　　　　② 약 14.6억 원

③ 약 15.9억 원　　　　④ 약 16.2억 원

　$300 \div 160 = 1.875 ≒ 1.9$(억 원)이고 7km이므로 $1.9 \times 7 ≒ 13.3$(억 원)

Answer ☞ 23.② 24.④ 25.③ 26.①

┃27~28┃ 아래 자료는 최근 3년간의 행정구역별 출생자 수를 나타낸 표이다. 물음에 답하시오.

(단위 : 명)

	2012년	2013년	2014년
서울특별시	513	648	673
부산광역시	436	486	517
대구광역시	215	254	261
울산광역시	468	502	536
인천광역시	362	430	477
대전광역시	196	231	258
광주광역시	250	236	219
제주특별자치시	359	357	361
세종특별자치시	269	308	330

27 위 표를 보고 알맞은 것은?

① 2014년 대구광역시 출생자수와 제주지역의 출생자 수의 합은 광주광역시의 2014년 출생자 수보다 약 2.53배 더 크다.

② 서울특별시와 제주특별자치시의 2013년 출생자의 합은 2012년 같은 지역의 출생자의 합보다 135명 더 많다.

③ 2014년 대전광역시 출생자 수와 광주광역시 출생자 수의 합은 2014년 인천광역시 출생자 수와 같다.

④ 2013년 부산광역시 출생자 수는 2013년 대전광역시 출생자 수의 2배보다 작다.

 ① $261 + 361 = 622$
　　　　　$622 \div 219 ≒ 2.84$
② 2013년 서울특별시와 제주특별자치시의 출생자 합 : 1,005명
　　2012년 서울특별시와 제주특별자치시의 출생자 합 : 872명
③ $258 + 219 = 477$
④ $231 \times 2 = 462$

28 다음 보기 중 2012년부터 2014년까지 출생자가 가장 많이 증가한 행정구역은?

① 부산　　　　　　　　　　　② 울산

③ 대전　　　　　　　　　　　④ 세종

　　① 부산 : 517 − 436 = 81
　　② 울산 : 536 − 468 = 68
　　③ 대전 : 258 − 196 = 62
　　④ 세종 : 330 − 269 = 61

29 다음은 어느 산의 5년 동안 낙상자 피해 현황을 나타낸 표이다. 다음 중 표에 대한 설명 중 옳지 않은 것은?

	2015년	2014년	2013년	2012년	2011년
부주의	214	201	138	130	119
시설물 노후	97	73	51	46	43
야생동물 출현	39	52	80	72	74
합계	350	326	269	248	236

① 2015년 전체 낙상자 피해 건수는 2011년에 비해 약 1.48배 증가하였다.

② 2015년 야생동물 출현에 의한 낙상피해는 2013년에 비해 약 2.25배 감소하였다.

③ 각 원인별 최근 5년 동안 발생한 낙상자 피해 중 그 변화의 폭이 가장 두드러진 것은 시설물 노후에 의한 피해이다.

④ 부주의에 의한 낙상 피해만 줄여도 낙상자 수는 크게 감소할 것이다.

　　② 80 ÷ 39 ≒ 2.05
　　① 350 ÷ 236 ≒ 1.48
　　③ 부주의에 의한 피해의 변화폭 : 약 1.79
　　　시설물 노후에 의한 피해의 변화폭 : 약 2.25
　　　야생동물 출현에 의한 피해의 변화폭 : 약 1.89
　　④ 매년 부주의에 의한 피해가 가장 크므로 부주의에 의한 피해만 줄여도 낙상자 수는 크게 감소시킬 수 있다.

Answer ⤷ 27.③　28.①　29.②

┃30~31┃ 다음은 2009년부터 2013년까지 5년 동안 A, B, C사의 매출액을 나타낸 것이다. 표를 보고 다음 물음에 답하시오.

(단위 : 백만 원)

	2009년	2010년	2011년	2012년	2013년
A사	58,365,216	62,682,974	65,914,653	72,584,689	79,519,753
B사	49,682,581	61,585,268	72,914,358	79,358,621	84,695,127
C사	69,548,587	65,845,239	63,254,169	59,473,982	55,691,472

30 2009년부터 2013년까지 A사의 매출액은 얼마만큼 증가하였나?

① 21,154,517(백만 원) ② 21,154,527(백만 원)

③ 21,154,537(백만 원) ④ 21,154,547(백만 원)

 79,519,753 − 58,365,216 = 21,154,537

31 B사의 2013년 매출액은 2009년 매출액보다 약 몇 배 증가하였나? (소수 둘째 자리까지 구하시오.)

① 1.53 ② 1.69

③ 1.70 ④ 1.84

 84,695,127 ÷ 49,682,581 ≒ 1.70···

| 32~33 | 다음은 어느 가전제품 매장의 종류별 판매비율을 나타낸 자료이다. 물음에 답하시오.

(단위 : %)

종류	2011년	2012년	2013년	2014년
핸드폰	33.5	35.5	37.0	39.0
TV	14.0	13.5	16.5	17.0
냉장고	19.0	21.0	16.5	15.5
컴퓨터	22.0	20.5	19.0	17.5
카메라	11.5	9.5	11.0	11.0

32 2014년 총 판매개수가 2,500개라면 핸드폰의 판매개수는 몇 개인가?

① 965개   ② 975개

③ 985개   ④ 995개

    2014년 핸드폰의 판매비율은 39.0%이므로
판매개수는 2,500×0.39 = 975(개)

33 다음 중 옳지 않은 것은?

① 최근 4년 동안 판매비율의 폭이 가장 크게 변화한 제품은 컴퓨터이다.

② 최근 4년 동안 컴퓨터의 판매비율은 4.5% 감소하였다.

③ 2011년과 비교할 때 카메라의 2013년 판매비율은 다른 제품에 비해 큰 변화를 보이지 않고 있다.

④ TV의 판매비율은 2014년에 처음으로 냉장고의 판매비율을 앞질렀다.

    최근 4년 동안 판매비율의 변동 폭
- 핸드폰 : 39.0−33.5 = 5.5%
- TV : 17.0−14.0 = 3%
- 냉장고 : 19.0−15.5 = 3.5%
- 컴퓨터 : 22.0−17.5 = 4.5%
- 카메라 : 11.5−11.0 = 0.5%

Answer ↱ 30.③   31.③   32.②   33.①

| 34~35 | 다음은 우리나라 농수산식품의 수출입 동향을 나타낸 자료이다. 물음에 답하시오.

(단위 : 백만 달러)

		2010년	2011년	2012년	2013년	2014년
수출	소계	4,070	4,846	5,261	5,112	5,099
	농산물	3,595	4,328	4,713	4,532	4,498
	축산물	160	182	203	213	210
	임산물	315	336	345	367	391
수입	소계	23,289	30,190	40,323	42,555	43,532
	농산물	14,026	17,758	23,694	25,847	28,189
	축산물	3,295	5,648	8,691	7,851	6,328
	임산물	5,968	6,784	7,938	8,857	9,015
무역수지		−19,219	−25,344	−35,062	−37,443	−41,433

34 다음 중 옳은 것은?

① 최근 5년 동안 무역수지 적자는 약 3.15배 증가하였다.

② 2014년 농산물의 수입액은 같은 해 농산물의 수출액의 약 7.06배에 달한다.

③ 최근 5년 동안의 농수산식품 총 수출액의 합은 2010년 농수산식품 총 수입액보다 작다.

④ 농수산식품 수출에 있어서 농산물의 수출이 감소하고 있는 만큼 이에 대한 대책 마련이 시급하다.

 ① 41,433÷19,219 ≒ 2.15…
② 2014년 농산물의 수입액 : 28,189
　2014년 농산물의 수출액 : 4,498
　28,189÷4,498 ≒ 6.26…
③ 최근 5년 동안의 농수산식품 총 수출액의 합 : 24,388
　2010년 농수산식품 총 수입액 : 23,289

35 다음 중 농수산식품의 총 수입액 중 농산물의 비율이 다른 해에 비해 가장 낮았던 해는 언제인가?

① 2010년   ② 2011년

③ 2012년   ④ 2013년

 최근 5년 동안의 농수산식품 총 수입액 중 농산물의 비율
- 2010년 : 약 60.2%
- 2011년 : 약 58.8%
- 2012년 : 약 58.7%
- 2013년 : 약 60.7%
- 2014년 : 약 64.7%

┃36~38┃ 다음은 호텔 4곳을 경영하는 다이스에서 2015년 VIP 회원의 직업별 구성 비율을 각 지점별로 조사한 자료이다. 물음에 답하시오. (단, 가장 오른쪽은 각 지점의 회원 수가 전 지점의 회원 총수에서 차지하는 비율이다.)

구분	공무원	기업인	자영업	외국인	각 지점/전 지점
A	30%	20%	10%	40%	20%
B	10%	40%	20%	30%	30%
C	10%	30%	20%	40%	40%
D	10%	40%	30%	20%	10%
전 지점	( )	32%	( )	35%	100%

36 다이스 각 지점에서 자영업자의 수는 회원 총수의 몇 %인가?

① 16%   ② 17%

③ 18%   ④ 19%

 A : $0.2 \times 0.1 = 0.02 = 2(\%)$
B : $0.3 \times 0.2 = 0.06 = 6(\%)$
C : $0.4 \times 0.2 = 0.08 = 8(\%)$
D : $0.1 \times 0.3 = 0.03 = 3(\%)$
∴ A+B+C+D = 19(%)

37 C지점의 회원 수를 3년 전과 비교했을 때 외국인의 수는 2배 증가했고 자영업자와 공무원의 수는 절반으로 감소했으며 그 외는 변동이 없었다. 그렇다면 3년 전 기업인의 비율은? (단, C지점의 2015년 VIP회원의 수는 200명이다.)

① 약 25.34%
② 약 27.27%
③ 약 29.16%
④ 약 31.08%

 2015년 C지점의 회원 수는 공무원 20명, 기업인 60명, 자영업자 40명, 외국인 80명이다. 따라서 2012년의 회원 수는 공무원 40명, 기업인 60명, 자영업자 80명, 외국인 40명이 된다. 이 중 기업인의 비율은 $\frac{60}{220} \times 100 = 27.27\%$가 된다.

38 D지점의 외국인 수가 400명일 때 A지점의 외국인 회원 수는?

① 1,300명
② 1,400명
③ 1,500명
④ 1,600명

 D지점의 외국인이 차지하는 비율 : $0.1 \times 0.2 = 0.02 = 2(\%)$
A지점의 외국인이 차지하는 비율 : $0.2 \times 0.4 = 0.08 = 8(\%)$
D지점의 외국인 수가 400명이므로 $2 : 8 = 400 : x$
$\therefore x = 1,600(명)$

▌39~40 ▌ 다음에 제시된 투자 조건을 보고 물음에 답하시오.

투자안	판매단가(원/개)	고정비(원)	변동비(원/개)
A	2	20,000	1.5
B	2	60,000	1.0

1) 매출액 = 판매단가×매출량(개)
2) 매출원가 = 고정비+(변동비×매출량(개))
3) 매출이익 = 매출액-매출원가

39 위의 투자안 A와 B의 투자 조건을 보고 매출량과 매출이익을 해석한 것으로 옳은 것은?

① 매출량 증가폭 대비 매출이익의 증가폭은 투자안 A가 투자안 B보다 항상 작다.

② 매출량 증가폭 대비 매출이익의 증가폭은 투자안 A가 투자안 B보다 항상 크다.

③ 매출이익이 0이 되는 매출량은 투자안 A가 투자안 B보다 많다.

④ 매출이익이 0이 되는 매출량은 투자안 A가 투자안 B가 같다.

 ①② 매출량 증가폭 대비 매출이익의 증가폭은 기울기를 의미하는 것이다.

매출량을 x, 매출이익을 y라고 할 때,

A는 $y = 2x - (20,000 + 1.5x) = -20,000 + 0.5x$

B는 $y = 2x - (60,000 + 1.0x) = -60,000 + x$

따라서 A의 기울기는 0.5, B의 기울기는 1이 돼서 매출량 증가폭 대비 매출이익의 증가폭은 투자안 A가 투자안 B보다 항상 작다.

③④ A의 매출이익은 매출량 40,000일 때 0이고, B의 매출이익은 매출량이 60,000일 때 0이 된다. 따라서 매출이익이 0이 되는 매출량은 투자안 A가 투자안 B보다 작다.

40 매출량이 60,000개라고 할 때, 투자안 A와 투자안 B를 비교한 매출이익은 어떻게 되겠는가?

① 투자안 A가 투자안 B보다 같다.

② 투자안 A가 투자안 B보다 작다.

③ 투자안 A가 투자안 B보다 크다.

④ 제시된 내용만으로 비교할 수 없다.

 ㉠ A의 매출이익
- 매출액 $= 2 \times 60,000 = 120,000$
- 매출원가 $= 20,000 + (1.5 \times 60,000) = 110,000$
- 매출이익 $= 120,000 - 110,000 = 10,000$

㉡ B의 매출이익
- 매출액 $= 2 \times 60,000 = 120,000$
- 매출원가 $= 60,000 + (1.0 \times 60,000) = 120,000$
- 매출이익 $= 120,000 - 120,000 = 0$

∴ 투자안 A가 투자안 B보다 크다.

Answer ⟶ 37.② 38.④ 39.① 40.③

▌41~43 ▌ 〈표 1〉은 대재 이상 학력자의 3개월간 일반도서 구입량에 대한 표이고 〈표 2〉는 20대 이하 인구의 3개월간 일반도서 구입량에 대한 표이다. 물음에 답하시오.

〈표 1〉 대재 이상 학력자의 3개월간 일반도서 구입량

	2006년	2007년	2008년	2009년
사례 수	255	255	244	244
없음	41%	48%	44%	45%
1권	16%	10%	17%	18%
2권	12%	14%	13%	16%
3권	10%	6%	10%	8%
4~6권	13%	13%	13%	8%
7권 이상	8%	8%	3%	5%

〈표 2〉 20대 이하 인구의 3개월간 일반도서 구입량

	2006년	2007년	2008년	2009년
사례 수	491	545	494	481
없음	31%	43%	39%	46%
1권	15%	10%	19%	16%
2권	13%	16%	15%	17%
3권	14%	10%	10%	7%
4~6권	17%	12%	13%	9%
7권 이상	10%	8%	4%	5%

41 2007년 20대 이하 인구의 3개월간 일반도서 구입량이 1권 이하인 사례는 몇 건인가? (소수 첫째자리에서 반올림할 것)

① 268건　　　　　　　　　　② 278건

③ 289건　　　　　　　　　　④ 정답 없음

 545×(0.43 + 0.1) = 288.85 → 289건

42 2008년 대재 이상 학력자의 3개월간 일반도서 구입량이 7권 이상인 경우의 사례는 몇 건인가? (소수 둘째자리에서 반올림할 것)

① 7.3건

② 7.4건

③ 7.5건

④ 7.6건

 244 × 0.03 = 7.32건

43 위 표에 대한 설명으로 옳지 않은 것은?

① 20대 이하 인구가 3개월간 1권 이상 구입한 일반도서량은 해마다 증가하고 있다.

② 20대 이하 인구가 3개월간 일반도서 7권 이상 읽은 비중이 가장 낮다.

③ 20대 이하 인구가 3권 이상 6권 이하로 일반도서 구입하는 량은 해마다 감소하고 있다.

④ 대재 이상 학력자가 3개월간 일반도서 1권 구입하는 것보다 한 번도 구입한 적이 없는 경우가 더 많다.

 ① 20대 이하 인구가 3개월간 1권 이상 구입한 일반도서량은 2007년과 2009년 모두 전년에 비해 감소했다.

PLUS tip
....

자료 해석에 있어 구별해야 할 용어

㉠ 대체로/일반적으로 증가(감소)한다

㉡ 해마다/지속적으로/꾸준히 증가(감소)한다

㉢ 증감이 반복된다/경향성을 예측할 수 없다

㉣ 자료를 통하여 판단하기 어렵다/알 수 없다

▌44~47 ▌ 다음은 농업총수입과 농작물수입을 영농형태와 지역별로 나타낸 표이다. 표를 보고 물음에 답하시오.

영농형태	농업총수입(천 원)	농작물수입(천 원)
논벼	20,330	18,805
과수	34,097	32,382
채소	32,778	31,728
특용작물	45,534	43,997
화훼	64,085	63,627
일반밭작물	14,733	13,776
축산	98,622	14,069
기타	28,499	26,112

행정지역	농업총수입(천 원)	농작물수입(천 원)
경기도	24,785	17,939
강원도	27,834	15,532
충청북도	23,309	17,722
충청남도	31,583	18,552
전라북도	26,044	21,037
전라남도	23,404	19,129
경상북도	28,690	22,527
경상남도	28,478	18,206
제주도	29,606	28,141

44 제주도의 농업총수입은 경기도 농업총수입과 얼마나 차이나는가?

① 4,821(천 원) ② 4,930(천 원)

③ 5,860(천 원) ④ 6,896(천 원)

 29,606 − 24,785 = 4,821(천 원)

45 앞의 표에 대한 설명으로 옳지 않은 것은?

① 화훼는 과수보다 약 2배의 농업총수입을 얻고 있다.

② 축산의 농업총수입은 다른 영농형태보다 월등히 많은 수입을 올리고 있다.

③ 경기도는 농업총수입과 농작물수입이 충청남도보다 높다.

④ 강원도의 농작물수입은 다른 지역에 비해 가장 낮은 수입이다.

 ③ 경기도는 농업총수입과 농작물수입이 충청남도보다 낮다.

46 특용작물의 농업총수입은 일반밭작물의 몇 배인가? (소수점 둘째자리까지 구하시오)

① 1.26배　　　　　　　　　　　② 2.95배

③ 3.09배　　　　　　　　　　　④ 4.21배

 45,534 ÷ 14,733 = 3.09배

47 농업총수입이 가장 높은 영농형태와 농작물수입이 가장 낮은 영농형태로 이어진 것은?

① 일반밭작물 – 축산　　　　　　② 축산 – 일반밭작물

③ 특용작물 – 축산　　　　　　　④ 과수 – 채소

 ② 축산(98,622천 원), 일반밭작물(13,776천 원)

Answer ⌐→ 44.① 45.③ 46.③ 47.②

가사분담 실태에 대한 통계표(단위 : %)이다. 표를 보고 물음에 답하시오.

	부인 주도	부인 전적	부인 주로	공평 분담	남편 주도	남편 주로	남편 전적
15~29세	40.2	12.6	27.6	17.1	1.3	0.9	0.3
30~39세	49.1	11.8	27.3	9.4	1.2	1.1	0.1
40~49세	48.8	15.2	23.5	9.1	1.9	1.6	0.3
50~59세	47.0	17.6	20.4	10.6	2.0	2.2	0.2
60세 이상	47.2	18.2	18.3	9.3	3.5	2.3	1.2
65세 이상	47.2	11.2	25.2	9.2	3.6	2.2	1.4

	부인 주도	부인 전적	부인 주로	공평 분담	남편 주도	남편 주로	남편 전적
맞벌이	55.9	14.3	21.5	5.2	1.9	1.0	0.2
비맞벌이	59.1	12.2	20.9	4.8	2.1	0.6	0.3

48 위 표에 대한 설명으로 옳은 것은?

① 맞벌이 부부가 공평하게 가사 분담하는 비율이 부인이 주로 가사 담당하는 비율보다 높다.

② 비맞벌이 부부는 가사를 부인이 주도하는 경우가 가장 높은 비율을 차지하고 있다.

③ 60세 이상은 비맞벌이 부부가 대부분이기 때문에 부인이 가사를 주도하는 경우가 많다.

④ 대체로 부인이 가사를 전적으로 담당하는 경우가 가장 높은 비율을 차지하고 있다.

 ① 맞벌이 부부가 공평하게 가사 분담하는 비율이 부인이 주로 가사 담당하는 비율보다 낮다.
③ 60세 이상이 비맞벌이 부부가 대부분인지는 알 수 없다.
④ 대체로 부인이 가사를 주도하는 경우가 가장 높은 비율을 차지하고 있다.

49 50세에서 59세의 부부의 가장 높은 비율을 차지하는 가사분담 형태는 가장 낮은 비율을 차지하는 형태의 몇 배인가?

① 235배   ② 215배
③ 195배   ④ 185배

 부인 주도 ÷ 남편 전적 = 47 ÷ 0.2 = 235(배)

┃50~51┃ 다음은 암 발생률에 대한 통계표이다. 표를 보고 물음에 답하시오.

암종	발생자수(명)	상대빈도(%)
위	25,809	18.1
대장	17,625	12.4
간	14,907	10.5
쓸개 및 기타담도	4,166	2.9
췌장	3,703	2.6
후두	1,132	0.8
폐	16,949	11.9
유방	9,898	6.9
신장	2,299	1.6
방광	2,905	2.0
뇌 및 중추신경계	1,552	1.1
갑상샘	12,649	8.9
백혈병	2,289	1.6
기타	26,727	18.7

50 기타를 제외하고 상대적으로 발병 횟수가 가장 높은 암은 가장 낮은 암의 몇 배나 발병하는가? (소수 첫째자리에서 반올림하시오.)

① 23배

② 24배

③ 25배

④ 26배

 기타를 제외하고 위암이 18.1%로 가장 높고 후두암이 0.8%로 가장 낮다.
따라서 18.1 ÷ 0.8 = 22.625 ≒ 23배

51 폐암 발생자수는 백혈병 발생자수의 몇 배인가? (소수 첫째자리까지 구하시오)

① 6.8

② 7.2

③ 7.4

④ 8.2

 16,949 ÷ 2,289 ≒ 7.4배

Answer 48.② 49.① 50.① 51.③

| 52~53 | 2013년 인터넷 쇼핑몰 상품별 거래액에 관한 표이다. 물음에 답하시오.

(단위 : 백만 원)

	1월	2월	3월	4월	5월	6월	7월	8월	9월
컴퓨터	200,078	195,543	233,168	194,102	176,981	185,357	193,835	193,172	183,620
소프트웨어	13,145	11,516	13,624	11,432	10,198	10,536	45,781	44,579	42,249
가전 · 전자	231,874	226,138	251,881	228,323	239,421	255,383	266,013	253,731	248,474
서적	103,567	91,241	130,523	89,645	81,999	78,316	107,316	99,591	93,486
음반 · 비디오	12,727	11,529	14,408	13,230	12,473	10,888	12,566	12,130	12,408
여행 · 예약	286,248	239,735	231,761	241,051	288,603	293,935	345,920	344,391	245,285
아동 · 유아용	109,344	102,325	121,955	123,118	128,403	121,504	120,135	111,839	124,250
음 · 식료품	122,498	137,282	127,372	121,868	131,003	130,996	130,015	133,086	178,736

52 1월 컴퓨터 상품 거래액의 다음 달 거래액과 차이는?

① 4,455(백만 원)   ② 4,535(백만 원)

③ 4,555(백만 원)   ④ 4,635(백만 원)

 200,078 − 195,543 = 4,535(백만 원)

53 1월 서적 상품 거래액은 음반 · 비디오 상품의 몇 배인가? (소수 둘째자리까지 구하시오)

① 8.13   ② 8.26

③ 9.53   ④ 9.75

 103,567 ÷ 12,727 ≒ 8.13배

54 다음은 새해 토정비결과 궁합에 관하여 사람들의 믿는 정도를 조사한 결과이다. 둘 다 가장 믿을 확률이 높은 사람들은?

대상 \ 구분		토정비결(%)	궁합(%)
나이별	20대	30.5	35.7
	30대	33.2	36.2
	40대	45.9	50.3
	50대	52.5	61.9
	60대	50.3	60.2
학력별	초등학교 졸업	81.2	83.2
	중학교 졸업	81.1	83.3
	고등학교 졸업	52.4	51.6
	대학교 졸업	32.3	30.3
	대학원 졸업	27.5	26.2
성별	남자	45.2	39.7
	여자	62.3	69.5

① 초등학교 졸업 학력의 60대 여성

② 중학교 졸업 학력의 50대 여성

③ 고등학교 졸업 학력의 40대 남성

④ 대학교 졸업 학력의 30대 남성

 나이별로는 50대, 학력별로는 초등학교·중학교 졸업한 사람들, 성별로는 여자가 믿는 확률이 높다.

국가별	인구			총부양비		노령화 지수
	0~14세	15~64세	65세 이상	유년	노년	
한국	16.2	72.9	11.0	22	15	67.7
일본	13.2	64.2	22.6	21	35	171.1
터키	26.4	67.6	6.0	39	9	22.6
캐나다	16.3	69.6	14.1	23	20	86.6
멕시코	27.9	65.5	6.6	43	10	23.5
미국	20.2	66.8	13.0	30	19	64.1
칠레	22.3	68.5	9.2	32	13	41.5
오스트리아	14.7	67.7	17.6	22	26	119.2
벨기에	16.7	65.8	17.4	25	26	103.9
덴마크	18.0	65.3	16.7	28	26	92.5
핀란드	16.6	66.3	17.2	25	26	103.8
프랑스	18.4	64.6	17.0	28	26	92.3
독일	13.4	66.2	20.5	20	31	153.3
그리스	14.2	67.5	18.3	21	27	128.9
아일랜드	20.8	67.9	11.4	31	17	54.7
네덜란드	17.6	67.0	15.4	26	23	87.1
폴란드	14.8	71.7	13.5	21	19	91.5
스위스	15.2	67.6	17.3	22	26	113.7
영국	17.4	66.0	16.6	26	25	95.5

55 위 표에 대한 설명으로 옳지 않은 것은?

① 장래 노년층을 부양해야 되는 부담이 가장 큰 나라는 일본이다.

② 위에서 제시된 국가 중 세 번째로 노령화 지수가 큰 나라는 그리스이다.

③ 아일랜드는 OECD 회원국 중 노령화 지수가 낮은 다섯 나라 중 하나이다.

④ 0~14세 인구 비율이 가장 낮은 나라는 독일이다.

 독일과 일본은 0~14세 인구 비율이 낮은데 그 중에서 가장 낮은 나라는 일본으로 0~14세 인구가
전체 인구의 13.2%이다.

56 65세 이상 인구 비율이 다른 나라에 비해 높은 국가를 큰 순서대로 차례로 나열한 것은?

① 일본, 독일, 그리스　　　　　② 일본, 그리스, 독일

③ 일본, 영국, 독일　　　　　　④ 일본, 독일, 영국

 일본(22.6%), 독일(20.5%), 그리스(18.3%)

57 노령화 지수는 15세 미만 인구 대비 65세 이상 노령인구의 백분율

(노령화 지수 $= \dfrac{65세\ 이상\ 인구}{15세\ 미만\ 인구} \times 100$)로 인구의 노령화 정도를 나타내는 지표이다. 우리

나라 15세 미만 인구가 890만 명일 때, 65세 이상 노령인구는 몇 명인가?

① 6,025,300명　　　　　　　② 5,982,350명

③ 4,598,410명　　　　　　　④ 3,698,560명

 $\dfrac{x}{8,900,000} \times 100 = 67.7$

$x = 6,025,300$(명)

58 다음 〈표〉는 임신과 출산 관련 항목별 진료건수 및 진료비에 관한 자료이다. 이에 대한 설명 중 옳은 것은?

〈표 1〉 연도별 임신과 출산 관련 진료건수

(단위 : 천 건)

진료항목 \ 연도	2008	2009	2010	2011	2012	2013
분만	668	601	517	509	483	451
검사	556	2,490	3,308	3,715	3,754	3,991
임신장애	583	814	753	709	675	686
불임	113	254	297	374	422	466
기타	239	372	266	251	241	222
전체	2,159	4,531	5,141	5,558	5,575	5,816

〈표 2〉 연도별 임신과 출산 관련 진료비

(단위 : 억 원)

진료항목 \ 연도	2008	2009	2010	2011	2012	2013
분만	3,295	3,008	2,716	2,862	2,723	2,909
검사	97	395	526	594	650	909
임신장애	607	639	590	597	606	619
불임	43	74	80	105	132	148
기타	45	71	53	52	54	49
전체	4,087	4,187	3,965	4,210	4,165	4,634

① 2008년 대비 2013년에 진료건수와 진료비 모두 가장 높은 증가율을 보인 항목은 '검사'이다.

② 2013년에 진료건당 진료비가 가장 큰 두 항목은 '분만'과 '불임'이다.

③ 2009~2013년에 임신과 출산 관련 항목 전체의 진료건당 진료비는 지속적으로 감소하였다.

④ 2008~2013년에 매년 '분만' 항목의 진료비는 다른 모든 항목들의 진료비를 합한 금액의 2배 이상이었다.

 ② 2005년에 진료건당 진료비가 가장 큰 두 항목은 '분만'과 '임신장애'이다.
③ 2013년에는 전년 대비 임신과 출산 관련 항목 전체의 진료건당 진료비가 증가하였다.
④ '분만' 항목의 진료비가 다른 모든 항목들의 진료비를 합한 금액의 2배 이상인 해는 2008~2011년까지이다.

59 다음은 세계 초고층 건물의 층수와 실제높이를 나타낸 것이다. 건물의 층수에 따른 예상높이를 계산하는 식이 '예상높이(m) = 2 × 층수 + 200'과 같이 주어질 때, 예상높이와 실제높이의 차이가 큰 건물을 순서대로 바르게 나열한 것은?

건물 이름	층수	실제높이(m)
시어스 타워	108	442
엠파이어 스테이트 빌딩	102	383
타이페이 101	101	509
페트로나스 타워	88	452
진 마오 타워	88	421

① 페트로나스 타워 > 타이페이 101 > 진 마오 타워 > 엠파이어 스테이트 빌딩 > 시어스 타워
② 페트로나스 타워 > 테이페이 101 > 시어스 타워 > 진 마오 타워 > 엠파이어 스테이트 빌딩
③ 타이페이 101 > 페트로나스 타워 > 시어스 타워 > 엠파이어 스테이트 빌딩 > 진 마오 타워
④ 타이페이 101 > 페트로나스 타워 > 진 마오 타워 > 시어스 타워 > 엠파이어 스테이트 빌딩

(Tip) 계산식에 따라 각 건물의 예상높이를 구하면 다음과 같다.

건물 이름	층수	실제높이(m)	예상높이(m)	예상높이와 실제높이의 차(m)
시어스 타워	108	442	416	26
엠파이어 스테이트 빌딩	102	383	404	21
타이페이 101	101	509	402	107
페트로나스 타워	88	452	376	76
진 마오 타워	88	421	376	45

Answer 58.① 59.④

60 다음은 어느 여행사의 관광 상품 광고이다. 갑동이 부부가 주중에 여행을 갈 경우, 하루 평균 가격이 가장 저렴한 관광 상품은?

관광지	일정	일인당 가격	비고
백두산	5일	599,000원	·
일본	6일	799,000원	주중 20% 할인
호주	10일	1,999,000원	동반자 50% 할인

① 백두산   ② 일본

③ 호주   ④ 모두 같다

 백두산 : 599,000원×2명÷5일＝239,600원/일
일본 : (799,000원×2명×0.8)÷6일 ≒ 213,067원/일
호주 : (1,999,000×1.5)÷10일＝299,850원/일

61 서원자동차는 이번에 회사에서 자동차가 가장 적게 운행되고 있는 도시에서 주행 시험을 하기로 하였다. 다음 도시 중 주행 시험을 하기에 가장 적절한 곳은?

도시	인구수(만 명)	자동차 대수(만 명당)
Ⓐ	90	200
Ⓑ	70	250
Ⓒ	60	350
Ⓓ	50	400
Ⓔ	100	300

① Ⓐ   ② Ⓑ

③ Ⓒ   ④ Ⓓ

Ⓐ	90 × 200 = 18000
Ⓑ	70 × 250 = 17500
Ⓒ	60 × 350 = 21000
Ⓓ	50 × 400 = 20000
Ⓔ	100× 300 = 30000

62 다음은 청에 다녀온 조선 사신의 이동 구간과 숙박 일수를 나타낸 자료이다. 설명 중 옳지 않은 것은 몇 개인가?

(단위 : 일)

연도 \ 구간	한양 ↓ 황주	중화 ↓ 의주	책문 ↓ 북경입구	북경	북경입구 ↓ 책문	의주 ↓ 중화	황주 ↓ 한양	전체 일정
1712	7	16	29	47	27	12	5	143
1777	8	23	28	43	33	9	5	149
1803	9	24	28	37	35	9	5	147
1828	8	22	27	39	37	13	8	154

※ 위에 제시되지 않은 구간에서는 숙박하지 않았음.

> ㉠ 조선 사신의 전체 일정 중 중화↔의주 구간에서 숙박한 일수는 한양↔황주 구간에서 숙박한 일수보다 항상 10일 이상 많았다.
> ㉡ 조선 사신의 전체 일정 중 책문↔북경입구 구간에서 숙박한 일수가 가장 많았다.
> ㉢ 북경으로 가는 여정보다 북경에서 돌아오는 여정이 더 길었던 해에는 중화↔의주 구간에서 숙박한 일수가 조사한 다른 해의 같은 구간에서 숙박한 일수보다 많았다.

① 1개
② 2개
③ 3개
④ 없다.

 ㉠ 조선 사신의 전체 일정 중 중화↔의주 구간에서 숙박한 일수는 연도 순으로 28, 32, 33, 45일로 한양↔황주 구간에서 숙박한 일수인 12, 13, 14, 16일보다 항상 10일 이상 많았다. (옳음)

㉡ 조선 사신의 전체 일정 중 책문↔북경입구 구간에서 숙박한 일수가 가장 많았다. (옳음)

㉢ 북경으로 가는 여정보다 북경에서 돌아오는 여정이 더 길었던 해는 1828년으로 중화↔의주 구간에서 숙박한 일수가 조사한 다른 해의 같은 구간에서 숙박한 일수보다 많았다. (옳음)

Answer₊ 60.② 61.② 62.④

63 다음은 IQ검사와 직무적성검사를 바탕으로 D기업의 사원을 분류하여 평가한 결과이다. IQ검사에 높은 점수를 받은 집단을 A, 직무적성검사에서 높은 점수를 받은 집단을 B라 하며 A와 B에 동시에 속하는 사람은 제외한다고 할 때 다음 중 옳지 않은 것은?

평가항목　　　　　집단	A	B	사원 전체 평균
업무의욕	50.3	52.6	30.7
승진시험 성적	85.2	80.3	81.0
인사담당자 평가	52.6	54.2	50.1
IQ	151.0	130.2	131.5

① A집단의 승진시험 성적이 가장 높은 것은 IQ와 관련이 있다.

② 인사담당자는 IQ가 높은 사람들보다 직무적성검사 성적이 높은 사람에게 더 높은 평가를 하는 경향이 있다.

③ 업무의욕과 승진시험성적은 비례관계를 보인다.

④ 직무적성검사에서 높은 점수를 받은 사람이 IQ도 높을 것이라 말할 수는 없다.

> (Tip) B집단의 업무의욕이 가장 높지만 승진시험 성적이 가장 낮으므로 업무의욕과 승진시험성적은 비례한다고 말할 수는 없으나 인사담당자 평가에서는 업무의욕에 비례하여 좋은 평가를 받는다.

64 다음은 어떤 가정의 전년대비 소득증가율을 나타낸 그래프이다. 다음 설명 중 가장 옳은 것은?

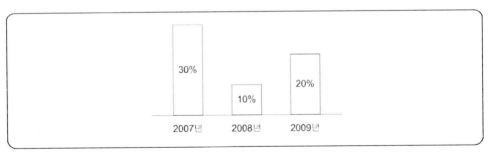

① 2009년의 소득은 2006년에 비해 60% 증가했다.

② 전년대비 2009년 소득증가액이 전년대비 2007년의 소득증가액보다 크다.

③ 전년대비 2007년 소득증가액이 전년대비 2008년의 소득증가액보다 크다.

④ 2008년의 소득은 2006년에 비해 20% 증가했다.

> (Tip) 2006년 소득을 100으로 두면, 2007년 소득은 30% 증가하여 130, 2008년 소득은 2007년 소득보다 10% 증가하였으므로 143, 2009년 소득은 여기에서 20% 증가하였으므로 171.6이 된다.

65 다음은 '갑'지역의 친환경농산물 인증심사에 대한 자료이다. 2011년부터 인증심사원 1인당 연간 심사할 수 있는 농가수가 상근직은 400호, 비상근직은 250호를 넘지 못하도록 규정이 바뀐다고 할 때, 조건을 근거로 예측한 내용 중 옳지 않은 것은?

(단위 : 호, 명)

인증기관	심사 농가수	인증심사원			
		승인 농가수	상근	비상근	합
A	2,540	542	4	2	6
B	2,120	704	2	3	5
C	1,570	370	4	3	7
D	1,878	840	1	2	3
계	8,108	2,456	11	10	21

※ 1) 인증심사원은 인증기관 간 이동이 불가능하고 추가고용을 제외한 인원변동은 없음.
　2) 각 인증기관은 추가 고용 시 최소인원만 고용함.

조건

- 인증기관의 수입은 인증수수료가 전부이고, 비용은 인증심사원의 인건비가 전부라고 가정한다.
- 인증수수료 : 승인농가 1호당 10만 원
- 인증심사원의 인건비는 상근직 연 1,800만 원, 비상근직 연 1,200만 원이다.
- 인증기관별 심사 농가수, 승인 농가수, 인증심사원 인건비, 인증수수료는 2010년과 2011년에 동일하다.

---

① 2010년에 인증기관 B의 수수료 수입은 인증심사원 인건비 보다 적다.

② 2011년 인증기관 A가 추가로 고용해야 하는 인증심사원은 최소 2명이다.

③ 인증기관 D가 2011년에 추가로 고용해야 하는 인증심사원을 모두 상근으로 충당한다면 적자이다.

④ 만약 정부가 '갑'지역에 2010년 추가로 필요한 인증심사원을 모두 상근으로 고용하게 하고 추가로 고용되는 상근 심사원 1인당 보조금을 연 600만 원씩 지급한다면 보조금 액수는 연간 5,000만 원 이상이다.

 ④ A지역에는 (4 × 400호) + (2 × 250호) = 2,100이므로 440개의 심사 농가 수에 추가의 인증심사원이 필요하다. 그런데 모두 상근으로 고용할 것이고 400호 이상을 심사할 수 없으므로 추가로 2명의 인증심사원이 필요하다. 그리고 같은 원리로 B지역도 2명, D지역에서는 3명의 추가의 상근 인증심사원이 필요하다. 따라서 총 7명을 고용해야 하며 1인당 지급되는 보조금이 연간 600만 원이라고 했으므로 보조금 액수는 4,200만 원이 된다.

Answer ⟶ 63.③　64.③　65.④

66 다음은 A 회사의 2000년과 2010년의 출신 지역 및 직급별 임직원 수에 대한 자료이다. 이에 대한 설명으로 옳지 않은 것은?

〈표 1〉 2000년의 출신 지역 및 직급별 임직원 수

(단위 : 명)

직급＼지역	서울 · 경기	강원	충북	충남	경북	경남	전북	전남	합
이사	0	0	1	1	0	0	1	1	4
부장	0	0	1	0	0	1	1	1	4
차장	4	4	3	3	2	1	0	3	20
과장	7	0	7	4	4	5	11	6	44
대리	7	12	14	12	7	7	5	18	82
사원	19	38	41	37	11	12	4	13	175
계	37	54	67	57	24	26	22	42	329

〈표 2〉 2010년의 출신 지역 및 직급별 임직원 수

(단위 : 명)

직급＼지역	서울 · 경기	강원	충북	충남	경북	경남	전북	전남	합
이사	3	0	1	1	0	0	1	2	8
부장	0	0	2	0	0	1	1	0	4
차장	3	4	3	4	2	1	1	2	20
과장	8	1	14	7	6	7	18	14	75
대리	10	14	13	13	7	6	2	12	77
사원	12	35	38	31	8	11	2	11	148
계	36	54	71	56	23	26	25	41	332

① 출신 지역을 고려하지 않을 때, 2000년 대비 2010년에 직급별 인원의 증가율은 이사 직급에서 가장 크다.

② 출신 지역별로 비교할 때, 2010년의 경우 해당 지역 출신 임직원 중 과장의 비율은 전라북도가 가장 높다.

③ 2000년에 비해 2010년에 과장의 수는 증가하였다.

④ 2000년에 비해 2010년에 대리의 수가 늘어난 출신 지역은 대리의 수가 줄어든 출신 지역에 비해 많다.

(Tip) 2000년에 비해 2010년에 대리의 수가 늘어난 출신 지역은 서울 · 경기, 강원, 충남 3곳이고, 대리의 수가 줄어든 출신 지역은 충북, 경남, 전북, 전남 4곳이다.

기간	제품 X(개)	제품 Y(개)
1월	254	343
2월	340	390
3월	541	505
4월	465	621

67 Y제품 한 개를 3,500원에 출하하다가 재고정리를 목적으로 4월에만 한시적으로 20% 인하하여 출하하였다. 1월부터 4월까지 총 출하액은 얼마인가?

① 5,274,500원　　　　　　　　　② 5,600,000원

③ 6,071,800원　　　　　　　　　④ 6,506,500원

 (343 + 390 + 505)×3,500원 + 621×(3,500원 × 0.8) = 6,071,800원

68 다음 중 틀린 것을 고르면?

① 3월을 제외하고는 제품 Y의 출하량이 제품 X의 출하량보다 많다.

② 1월부터 4월까지 제품 X의 총 출하량은 제품 Y의 총 출하량보다 적다.

③ 제품 X 한 개를 3,000원에 출하하고 제품 Y 한 개를 2,700원에 출하한다고 할 때, 1월부터 4월까지 총 출하액은 제품 X가 더 많다.

④ 제품 X를 3월에 한 개당 1,000원에 출하하고 4월에 1,200원에 출하한다고 할 때, 제품 X의 4월 출하액이 3월 출하액보다 많다.

 ② 1월부터 4월까지 제품 X의 총 출하량은 254 + 340 + 541 + 465 = 1,600개이고, 제품 Y의 총 출하량은 343 + 390 + 505 + 621 = 1,859개이다.

③ 제품 X : 3,000원 × 1,600개 = 4,800,000원, 제품 Y : 2,700원 × 1,859개 = 5,019,300원. 따라서 제품 Y의 출하액이 더 많다.

④ 3월의 출하액은 1,000원 × 541개 = 541,000원이고 4월의 출하액은 1,200원 × 465개 = 558,000원으로, 4월의 출하액이 더 많다.

Answer → 66.④　67.③　68.③

69 다음은 2013년 처리주체별 감염성 폐기물의 처리현황에 대한 자료이다. 이 자료를 통해 알 수 없는 것은?

(단위 : 톤)

폐기물 종류	2012년 이월량	발생지 자체처리	위탁 처리					미처리
			소계	소각	멸균 분쇄	재활용	화장장	
합계	70	2,929	31,088	16,108	14,659	226	95	33
조직물류	4	45	877	575	0	226	76	1
폐합성 수지류 등	66	2,884	30,211	15,533	14,659	0	19	32

※ 1) 감염성 폐기물은 위탁 처리되거나 발생지에서 자체 처리되며, 미처리량은 그 다음 해로 이월됨.
　2) 감염성 폐기물 처리방식에는 소각, 멸균분쇄, 재활용, 화장장이 있음.
　3) 전년도로부터 이월된 폐기물은 당해년도에 모두 처리됨.

① 2013년에 발생한 감염성 폐기물의 양

② 2013년 감염성 폐기물의 처리율

③ 2013년 감염성 폐기물의 소각 처리율

④ 2013년 조직물류 폐기물의 위탁 처리율

 ③ 2012년 이월량과 발생지 자체처리량 중 소각 처리된 량을 알 수 없으므로 2013년 감염성 폐기물의 소각 처리율은 알 수 없다.

70 다음은 행복시의 교육여건을 나타낸 자료이다. 옳지 않은 것은?

교육여건 / 학교급	전체 학교수	학교당 학급수	학급당 주간 수업시수 (시간)	학급당 학생수	학급당 교원수	교원당 학생수
초등학교	150	30	28	32	1.3	25
중학교	70	36	34	35	1.8	19
고등학교	60	33	35	32	2.1	15

① 모든 초등학교와 중학교의 총 학생수 차이는 모든 중학교와 고등학교의 총 학생수 차이보다 크다.

② 모든 초등학교의 총 교원수는 모든 중학교와 고등학교의 총 교원수의 합보다 크다.

③ 모든 초등학교의 주간 수업시수의 합은 모든 중학교의 주간 수업시수의 합보다 많다.

④ 고등학교의 교원당 주간 수업시수는 17시간 이하이다.

Tip ② 모든 초등학교의 총 교원수는 모든 중학교와 고등학교의 총 교원수의 합보다 작다.

일반사무

1~5 다음 중 제시된 보기에 속하지 않은 문자가 포함된 것을 고르시오.

1

ㄱ ㄲ ㄳ ㄵ ㄻ ㄿ ㅃ ㅲ

ㄸ ㄺ ㄽ ㄾ ㄿ ㄿ ㅍ

ㅥ ㅀ ㅄ ㄴ ㄸ ㄳ ㄹ

ㅄ ㅃ ㅅ ㅆ ㅅ ㅒ ㅆ

① ㄱ ㅍ ㄳ ㄵ ㅃ ㄿ ② ㄴ ㄿ ㅍ ㄺ ㄹ ㄸ
③ ㄷ ㅄ ㄴ ㄸ ㅀ ㅥ ④ ㄹ ㅅ ㅅ ㅍ ㅃ ㅆ

 ④ ㄹ ㅅ ㅅ <u>ㅍ</u> ㅃ ㅆ

2

㉠ $\Phi \Sigma o \pi \omega o$
㉡ $\beta \gamma \delta \varepsilon \zeta \eta$
㉢ $\theta \rho o \tau \upsilon \chi$
㉣ $\Psi \Omega \iota \kappa \lambda \xi$

① ㉠ $\omega o o \Phi \lambda$ ② ㉡ $\zeta \eta \gamma \varepsilon \beta$
③ ㉢ $\upsilon \rho \theta \tau o$ ④ ㉣ $\iota \Psi \xi \Omega \kappa$

 ① ㉠ $\omega o o \Phi \underline{\lambda}$

3

㉠ ⓒⓓⓔⓟⓤⓩ
㉡ ⓕⓙⓧⓨⓚⓦ
㉢ ⓐⓑⓛⓜⓝⓞ
㉣ ⓖⓗⓘⓡⓠⓢ

① ㉠ ⓓⓒⓔⓤⓟ
② ㉡ ⓚⓨⓙⓦⓧ
③ ㉢ ⓜⓑⓔⓛⓝ
④ ㉣ ⓢⓘⓠⓖⓡ

(Tip) ③ ㉢ ⓜⓑⓔⓛⓝ

4

㉠ きじゐごぞどぼよ
㉡ ぬぶるんえげぜべ
㉢ あかさたはまわい
㉣ ぢびりうぐずづれ

① ㉠ じよゐぞどご
② ㉡ わべぬんぶる
③ ㉢ あさわいかた
④ ㉣ びづれうずり

(Tip) ② ㉡ わべぬんぶる

5

㉠ ㄓㄔㄕㄖㄗㄘㄡ
㉡ ㄋㄌㄎㄍㄏㄐㄑ
㉢ ㄅㄆㄇㄈㄉㄊㄒ
㉣ ㄙㄚㄛㄝㄞㄟㄠ

① ㉠ ㄡㄕㄓㄗㄘㄔ
② ㉡ ㄋㄐㄍㄏㄌㄎ
③ ㉢ ㄇㄈㄆㄅㄉㄊㄒ
④ ㉣ ㄟㄝㄈㄠㄚㄞ

(Tip) ④ ㉣ ㄟㄝㄈㄠㄚㄞ

Answer ▸ 1.④ 2.① 3.③ 4.② 5.④

┃6~15┃ 다음 중 나머지와 규칙이 다른 하나를 고르시오.

6 ① 1234 ② Ⅰ Ⅱ Ⅲ Ⅴ
   ③ 가나다마 ④ abce

> (Tip) ① '1235'가 되어야 동일한 규칙이 된다.

7 ① ㈎㈏㈐㈑ ② 빨주노초
   ③ 일월수목 ④ ABDE

> (Tip) ② '빨주초파'가 되어야 동일한 규칙이 된다.

8 ① 2367 ② ㄴㄷㅂㅅ
   ③ Ⅱ Ⅲ Ⅴ Ⅵ ④ ⓑⓒⓕⓖ

> (Tip) ③ 'Ⅱ Ⅲ Ⅵ Ⅶ'가 되어야 동일한 규칙이 된다.

9 ① 둠룸뭄붐 ② 화수목금
   ③ Ⅲ Ⅳ Ⅴ Ⅵ ④ ⒶⒸⒹⒺ

> (Tip) ④ 'ⒸⒹⒺⒻ'가 되어야 동일한 규칙이 된다.

10 ① 강낭망방   ② ①②⑥⑦
    ③ ⓐⓑⓕⓖ   ④ 빨주남보

    Tip ① '강낭방상'이 되어야 동일한 규칙이 된다.

11 ① Ⅲ Ⅴ Ⅵ Ⅶ   ② 3467
    ③ CEFG   ④ 화목금토

    Tip ② '3567'이 되어야 동일한 규칙이 된다.

12 ① 1246   ② 고노로보
    ③ 빨주초보   ④ abdf

    Tip ③ '빨주초남'이 되어야 동일한 규칙이 된다.

13 ① 월화수목   ② ⑵⑶⑷⑸
    ③ ⓝⓓⓡⓜ   ④ 빨주노초

    Tip ④ '주노초파'가 되어야 동일한 규칙이 된다.

14 ① 더러머서   ② Ⅲ Ⅳ Ⅴ Ⅵ
    ③ ⓓⓡⓜⓑ   ④ ⓒⓓⓔⓕ

    Tip ① '더러머버'가 되어야 동일한 규칙이 된다.

Answer 6.① 7.② 8.③ 9.④ 10.① 11.② 12.③ 13.④ 14.①

15 ① 1267   ② ⅠⅡⅤⅦ

③ ㉮㉯㉰㉱   ④ ABFG

 ② 'ⅠⅡⅥⅦ'가 되어야 동일한 규칙이 된다.

┃16~25┃ 다음 제시된 문자열과 같은 것을 고르시오.

16

> 성함전화번호입금은행

① 성함전화번오입금은행

② 성함전화번호입급은행

③ 성함전화번호입금은행

④ 성함전화번호임금은행

 ① 성함전화번오입금은행
② 성함전화번호입급은행
④ 성함전화번호임금은행

17

> 이론예상문제모의고사

① 이론에상문제모의고사

② 이론예상문재모의고사

③ 이론예상몬제모의고사

④ 이론예상문제모의고사

 ① 이론에상문제모의고사
② 이론예상문재모의고사
③ 이론예상몬제모의고사

18

> 이절사절육절팔절십절

① 이절사절육절팔절십절   ② 이절사절욱절팔절십절

③ 이절사절육절팔절심절   ④ 이절사절육절말절십절

 ② 이절사절<u>욱</u>절팔절십절
         ③ 이절사절육절팔절<u>심</u>절
         ④ 이절사절육절<u>말</u>절십절

19

> BRANDCOFFEE

① BRANOCOFFEE   ② BRANDCOFFEE

③ BRANDCOFFFE   ④ BRBNDCOFFEE

 ① BRAN<u>O</u>COFFEE
         ③ BRANDCOFF<u>F</u>E
         ④ BR<u>B</u>NDCOFFEE

20

> 모바일에서강의시청

① 모바일에저강의시청   ② 모바일에서강희시청

③ 모바일에서강의시청   ④ 모마일에서강의시청

 ① 모바일에<u>저</u>강의시청
         ② 모바일에서강<u>희</u>시청
         ④ 모<u>마</u>일에서강의시청

Answer ⟶ 15.②   16.③   17.④   18.①   19.②   20.③

21

직업기초능력평가

① 직업기조능력평가   ② 직업기초능력평가

③ 직업기초능력펑가   ④ 직업기초능력평가

 ① 직업기조능력평가
② 직업기초능럭펑가
③ 직업기초능력펑가

22

ONETWOTHREE

① ONETWOTHREE   ② ONETVOTHREE

③ ONETWOTHRFE   ④ ONETWOTLREE

 ② ONETVOTHREE
③ ONETWOTHRFE
④ ONETWOTLREE

23

언어추리논리추리분석판단

① 언어주리논리추리분석판단   ② 언어추리논리추리분석판단

③ 언어추리놀리추리분석판단   ④ 언어추리논리추리분석반단

 ① 언어주리논리추리분석판단
③ 언어추리놀리추리분석판단
④ 언어추리논리추리분석반단

24

> 수능영어단어독해문법

① 수능영어단어독해문법

② 수능영어담어독해문법

③ 수능영어단어독해문법

④ 수능엉어단어독해문법

 ① 수능영어단어독해문법
② 수능영어담어독해문법
④ 수능엉어단어독해문법

25

> 2016년상반기인적성검사

① 2016년상반기임적성검사

② 2016년상만기인적성검사

③ 2016년상반기인적성검사

④ 2016년상반기인적성검사

 ① 2016년상반기임적성검사
② 2016년상만기인적성검사
③ 2016년상반기인적성검사

Answer ☞ 21.④ 22.① 23.② 24.③ 25.④

▌26~35 ▌ 다음의 보기에서 각 문제의 왼쪽에 표시된 굵은 글씨체의 기호, 문자, 숫자의 개수를 오른쪽에서 세어 맞는 개수를 찾으시오.

26

亞	久而敬之本立道生亞大家自

① 1개   ② 2개

③ 3개   ④ 4개

(Tip) 久而敬之本立道生亞大家自

27

라	좋은 것을 골라 따라 해라

① 1개   ② 2개

③ 3개   ④ 4개

(Tip) 좋은 것을 골라 따라 해라

28

s	David decided to efface some lines from his manuscript.

① 1개   ② 2개

③ 3개   ④ 4개

(Tip) David decided to efface some lines from his manuscript.

29

Ⅲ	Ⅰ Ⅲ Ⅷ Ⅰ Ⅲ Ⅷ Ⅲ Ⅰ Ⅰ Ⅰ Ⅷ Ⅲ Ⅰ Ⅰ Ⅰ Ⅱ

① 1   ② 2

③ 3   ④ 4

30

㎝	㎞㎙㎝㎛㎚㎝㎝㎞㎙㎚㎝㎝㎛㎚㎝㎝㎞

① 1   ② 2

③ 3   ④ 4

(Tip) ㎞㎙<u>㎝</u>㎛㎚<u>㎝</u>㎞㎙㎚㎝<u>㎝</u>㎛㎚<u>㎝</u>㎞

31

(ㅈ)	(ㅌ)(ㅁ)(ㅊ)(ㅈ)(ㅌ)(ㅎ)(ㅁ)(ㄴ)(ㄱ)(ㅅ)(ㅁ)(ㄴ)(ㅂ)(ㄷ)(ㄱ)

① 1   ② 2

③ 3   ④ 4

(Tip) (ㅌ)(ㅁ)(ㅊ)(<u>ㅈ</u>)(ㅌ)(ㅎ)(ㅁ)(ㄴ)(ㄱ)(ㅅ)(ㅁ)(ㄴ)(ㅂ)(ㄷ)(ㄱ)

32

フ	ヒハカアイフヘュレノフコソ丰ヒサ

① 1   ② 2

③ 3   ④ 4

(Tip) ヒハカアイ<u>フ</u>ヘュレノ<u>フ</u>コソ丰ヒサ

Answer → 26.① 27.③ 28.④ 29.③ 30.④ 31.① 32.②

33

9	353621820288329

① 1 　　　　　　　　　　　　② 2

③ 3 　　　　　　　　　　　　④ 4

(Tip)　353621820288329

34

#	!@#$%#&₩+#×℃⇨#※

① 1 　　　　　　　　　　　　② 2

③ 3 　　　　　　　　　　　　④ 4

(Tip)　!@#$%#&₩+#×℃⇨#※

35

ㄷ	ㅂㅈㄷㄱㅅㅊㄷㅁㅇㄷㅇㅁㄹㄴ

① 1 　　　　　　　　　　　　② 2

③ 3 　　　　　　　　　　　　④ 4

(Tip)　ㅂㅈㄷㄱㅅㅊㄷㅁㅇㄷㅇㅁㄹㄴ

┃36~37┃ 다음 주어진 표의 문자와 기호의 대응을 참고하여 각 문제에서 주어진 문자를 만들기 위한 기호를 바르게 나타내었으면 '① 맞음'을, 그렇지 않으면 '② 틀림'을 선택하시오.

얼=☀ 다=🐌 조=⛱ 그=☘ 해=☢ 네=⚙ 냐=♱ 추=☾ 지=⚘
좀=♌ 대=☯ 들=☿ 용=⚙ 칭=♱ 마=♆ 우=♒ 히=⚐ 잡=♨

36

지지네대마 – ♱⚘⚙☯♆

① 맞음   ② 틀림

(Tip) 지=⚘, 지=⚘, 네=⚙, 대=☯, 마=♆

37

좀추우네용 – ♌☾♒⚙⚙

① 맞음   ② 틀림

(Tip) 좀=♌, 추=☾, 우=♒, 네=⚙, 용=⚙

┃38~40┃ 좌우를 비교하여 배열과 문자가 틀린 것이 몇 개인지 고르시오.

38

> 15484627 15494617

① 2개   ② 3개
③ 4개   ④ 5개

(Tip) 15484627 15494617

39

> fjklgihfsj fiklgjhbsj

① 1개   ② 2개
③ 3개   ④ 4개

(Tip) fjklgihfsj fiklgjhbsj

40

> dsf5dfs73w19g dsp5bts23v19g

① 7개   ② 5개
③ 3개   ④ 1개

(Tip) dsf5dfs73w19g dsp5bts23v19g

▌41~42▌ 다음 왼쪽과 오른쪽 문자, 숫자의 대응을 참고하여 각 문제의 대응이 같으면 '① 맞음'을, 틀리면 '② 틀림'을 선택하시오.

> 1=강 2=층 3=날 4=라 5=닞 6=찬
> 7=빙 8=댄 9=민 10=쟁 11=핀 12=홍

41

> 층 홍 라 닞 핀 - 2 12 4 5 11

① 맞음   ② 틀림

 2=층, 12=홍, 4=라, 5=닞, 11=핀

42

> 댄 날 찬 빙 쟁 - 8 3 6 7 10

① 맞음   ② 틀림

 8=댄, 3=날, 6=찬, 7=빙, 10=쟁

Answer ┌→ 38.① 39.③ 40.② 41.① 42.①

❚43~45❚ 다음 왼쪽과 오른쪽 기호, 문자의 대응을 참고하여 각 문제의 대응이 같으면 '① 맞음'을, 틀리면 '② 틀림'을 선택하시오.

⚡=A ⚘=B 🐀=C ⚱=D 뱡=E

☯=a ♨=b ☸=c ▥=d ▤=e

43

B D a E C - ⚘ ⚱ ☯ 뱡 🐀

① 맞음 ② 틀림

 ⚘=B, ⚱=D, ☯=a, 뱡=E, 🐀=C

44

c A e c D - ☸ ⚡ ▤ ☸ ⚱

① 맞음 ② 틀림

 ☸=c, ⚡=A, ▤=e, ☸=c, ⚱=D

45

a d C b E - ☯ ▤ 🐀 ♨ 뱡

① 맞음 ② 틀림

 ☯=a, ▥=d, 🐀=C, ♨=b, 뱡=E

K	R	W	C	B	R	C
W	Q	Y	E	I	H	F
D	S	H	F	C	R	H
C	B	C	W	Q	Y	I
J	G	T	D	Z	W	R
N	Y	M	F	D	C	E
T	Y	G	V	V	R	W

46 ① A ② Y

③ S ④ T

K	R	W	C	B	R	C
W	Q	<u>Y</u>	E	I	H	F
D	<u>S</u>	H	F	C	R	H
C	B	C	W	Q	Y	I
J	G	<u>T</u>	D	Z	W	R
N	Y	M	F	D	C	E
T	Y	G	V	V	R	W

47 ① C ② F

③ L ④ M

K	R	W	<u>C</u>	B	R	C
W	Q	Y	<u>E</u>	I	H	<u>F</u>
D	S	H	F	C	R	H
C	B	C	W	Q	Y	I
J	G	T	D	Z	W	R
N	Y	<u>M</u>	F	D	C	E
T	Y	G	V	V	R	W

Answer ↦ 43.① 44.② 45.② 46.① 47.③

기린	굴레	그늘	그네	사진	먹방	나루
사진	먹쇠	장가	굴레	돌쇠	사진	그루
연필	마술	먹방	사진	처남	사과	기린
굴레	지루	난방	처남	연장	그네	장가
그늘	사과	연장	먹쇠	사진	나루	장난
그루	처남	돌쇠	굴레	지루	장난	난방
마술	그네	장가	사진	그늘	연필	먹방

48

돌쇠

① 1개 ② 2개

③ 3개 ④ 4개

기린	굴레	그늘	그네	사진	먹방	나루
사진	먹쇠	장가	굴레	<u>돌쇠</u>	사진	그루
연필	마술	먹방	사진	처남	사과	기린
굴레	지루	난방	처남	연장	그네	장가
그늘	사과	연장	먹쇠	사진	나루	장난
그루	처남	<u>돌쇠</u>	굴레	지루	장난	난방
마술	그네	장가	사진	그늘	연필	먹방

49

사진

① 4개　　　　　　　　　　② 5개

③ 6개　　　　　　　　　　④ 7개

기린	굴레	그늘	그네	<u>사진</u>	먹방	나루
<u>사진</u>	먹쇠	장가	굴레	돌쇠	<u>사진</u>	그루
연필	마술	먹방	<u>사진</u>	처남	사과	기린
굴레	지루	난방	처남	연장	그네	장가
그늘	사과	연장	먹쇠	<u>사진</u>	나루	장난
그루	처남	돌쇠	굴레	지루	장난	난방
마술	그네	장가	<u>사진</u>	그늘	연필	먹방

50

먹방

① 1개　　　　　　　　　　② 2개

③ 3개　　　　　　　　　　④ 4개

기린	굴레	그늘	그네	사진	<u>먹방</u>	나루
사진	먹쇠	장가	굴레	돌쇠	사진	그루
연필	마술	<u>먹방</u>	사진	처남	사과	기린
굴레	지루	난방	처남	연장	그네	장가
그늘	사과	연장	먹쇠	사진	나루	장난
그루	처남	돌쇠	굴레	지루	장난	난방
마술	그네	장가	사진	그늘	연필	<u>먹방</u>

Answer 48.② 49.③ 50.③

|51~55| 다음 제시된 두 글을 비교하여 각 문장이 서로 같으면 ①, 다르면 ②를 선택하시오.

51

> 삼국유사에 처음 실린 단군신화를 보면 처음에 하늘나라 임금인 환인의 아들 환웅이 인간세상을 보다가 그 중 태백산 신단수에 내려와 곰과 호랑이에게 쑥과 마늘을 주고 각각 100일 동안 동굴 안에서 빛을 보지 않으면 사람이 된다고 했다. 곰은 참을성이 많아 삼칠일(三七日)을 견뎌 여자가 되었지만 호랑이는 그만 참지 못하고 동굴 밖을 뛰쳐나가 사람이 되지 못했다.

> 삼국유사에 처음 실린 단군신화를 보면 처음에 하늘나라 임금인 환인의 아들 환웅이 인간세상을 보다가 그 중 태백산 신단수에 내려와 곰과 호랑이에게 쑥과 마늘을 주고 각각 100일 동안 동굴 안에서 빛을 보지 않으면 사람이 된다고 했다. 곰은 참을성이 많아 삼칠일(三七日)을 견뎌 여자가 되었지만 호랑이는 그만 참지 못하고 동굴 밖을 뛰쳐나가 사람이 되지 못했다.

① 같다   ② 다르다

> 삼국유사에 처음 실린 단군신화를 보면 처음에 하늘나라 임금인 환인의 아들 환웅이 인간세상을 보다가 그 중 태백산 신단수에 내려와 곰과 호랑이에게 쑥과 마늘을 주고 각각 100일 동안 동굴 안에서 빛을 보지 않으면 사람이 된다고 했다. 곰은 참을성이 많아 삼칠일(三七日)을 견뎌 여자가 되었지만 호랑이는 그만 참지 못하고 동굴 밖을 뛰쳐나가 사람이 되지 못했다.

> 삼국유사에 처음 실린 단군신화를 보면 처음에 하늘나라 임금인 환인의 아들 환웅이 인간세상을 보다가 그 중 태백산 신단수에 내려와 곰과 호랑이에게 쑥과 마늘을 주고 각각 100일 동안 동굴 안에서 빛을 보지 않으면 사람이 된다고 했다. 곰은 참을성이 많아 삼칠일(三七日)을 견뎌 여자가 되었지만 호랑이는 그만 참지 못하고 동굴 밖을 뛰쳐나가 사람이 되지 못했다.

52

개는 옛날부터 집을 지키거나 망을 보는 용도로 사육(飼育)되어 왔으며, 고대 이집트에서는 특히 규방(閨房)을 지키는 용도로 사육되었다. 투견(鬪犬)의 역사(歷史)도 로마시대까지 거슬러 올라간다. 또 이 시대에는 군용견(軍用犬)으로서 전쟁터에서 쓰이기도 하였다. 유럽의 민속(民俗)에서는 개가 유령(幽靈), 악령(惡靈), 신(神) 및 죽음을 고하는 천사(天使)를 볼 수 있는 힘을 가졌다고 믿기도 하였다.

개는 옛날부터 집을 지키거나 망을 보는 용도로 사육(飼育)되어 왔으며, 고대 이집트에서는 특히 규방(閨房)을 지키는 용도로 사육되었다. 투견(鬪犬)의 역사(歷史)도 로마시대까지 거슬러 올라간다. 또 이 시대에는 군용견(軍用犬)으로서 전쟁터에서 쓰이기도 하였다. 유럽의 민속(民俗)에서는 개가 유령(幼齡), 악령(惡靈), 신(神) 및 죽음을 고하는 천사(天使)를 볼 수 있는 힘을 가졌다고 믿기도 하였다.

① 같다   ② 다르다

개는 옛날부터 집을 지키거나 망을 보는 용도로 사육(飼育)되어 왔으며, 고대 이집트에서는 특히 규방(閨房)을 지키는 용도로 사육되었다. 투견(鬪犬)의 역사(歷史)도 로마시대까지 거슬러 올라간다. 또 이 시대에는 군용견(軍用犬)으로서 전쟁터에서 쓰이기도 하였다. 유럽의 민속(民俗)에서는 개가 유령(<u>幽靈</u>), 악령(惡靈), 신(神) 및 죽음을 고하는 천사(天使)를 볼 수 있는 힘을 가졌다고 믿기도 하였다.

개는 옛날부터 집을 지키거나 망을 보는 용도로 사육(飼育)되어 왔으며, 고대 이집트에서는 특히 규방(閨房)을 지키는 용도로 사육되었다. 투견(鬪犬)의 역사(歷史)도 로마시대까지 거슬러 올라간다. 또 이 시대에는 군용견(軍用犬)으로서 전쟁터에서 쓰이기도 하였다. 유럽의 민속(民俗)에서는 개가 유령(<u>幼齡</u>), 악령(惡靈), 신(神) 및 죽음을 고하는 천사(天使)를 볼 수 있는 힘을 가졌다고 믿기도 하였다.

Answer 51.① 52.②

53

> 우리 지구가 속해 있는 태양계는 태양을 중심으로 현재 8개 행성이 포함되어 있다. 수성, 금성, 지구, 화성, 목성, 토성, 천왕성, 해왕성이 그것으로 이들은 모두 다른 공전 주기를 갖고 태양 주위를 돌고 있다.

> 우리 지구가 속해 있는 태양계는 태양을 중심으로 현재 8개 행성이 포함되어 있다. 수성, 금성, 지구, 화성, 목성, 토성, 천왕성, 해왕성이 그것으로 이들은 모두 같은 공전 주기를 갖고 태양 주위를 돌고 있다.

① 같다   ② 다르다

> 우리 지구가 속해 있는 태양계는 태양을 중심으로 현재 8개 행성이 포함되어 있다. 수성, 금성, 지구, 화성, 목성, 토성, 천왕성, 해왕성이 그것으로 이들은 모두 <u>다른</u> 공전 주기를 갖고 태양 주위를 돌고 있다.

> 우리 지구가 속해 있는 태양계는 태양을 중심으로 현재 8개 행성이 포함되어 있다. 수성, 금성, 지구, 화성, 목성, 토성, 천왕성, 해왕성이 그것으로 이들은 모두 <u>같은</u> 공전 주기를 갖고 태양 주위를 돌고 있다.

54

제국은 개인이 씨족이나 종교 조직 또는 유력 집단에 흡수되는 것을 막는 언어적·종교적·법적 여건을 마련함으로써 개인이 좀 더 개방된 사회에서 활동할 수 있게 해주었다. 지배 엘리트가 사용하는 언어가 사회의 보편적인 언어가 되었으며, 각 지방의 토속신은 왕과 제국이 섬겨왔던 범접하기 어려운 강력한 신들, 즉 일종의 만신전에 모신 우주의 신들에게 자리를 양보했다. 아울러 제국의 법이 부의 분배와 경제적 교환 그리고 강자와 약자의 관계를 규제했다.

제국은 개인이 씨족이나 종교 조직 또는 유력 집단에 흡수되는 것을 막는 언어적·종교적·법적 여건을 마련함으로써 개인이 좀 더 개방된 사회에서 활동할 수 있게 해주었다. 지배 엘리트가 사용하는 언어가 사회의 보편적인 언어가 되었으며, 각 지방의 토속신은 왕과 제국이 섬겨왔던 범접하기 어려운 강력한 신들, 즉 일종의 만신전에 모신 우주의 신들에게 자리를 양보했다. 아울러 제국의 법이 부의 분배와 경제적 교환 그리고 강자와 약자의 관계를 규제했다.

① 같다   ② 다르다

제국은 개인이 씨족이나 종교 조직 또는 유력 집단에 흡수되는 것을 막는 언어적·종교적·법적 여건을 마련함으로써 개인이 좀 더 개방된 사회에서 활동할 수 있게 해주었다. 지배 엘리트가 사용하는 언어가 사회의 보편적인 언어가 되었으며, 각 지방의 토속신은 왕과 제국이 섬겨왔던 범접하기 어려운 강력한 신들, 즉 일종의 만신전에 모신 우주의 신들에게 자리를 양보했다. 아울러 제국의 법이 부의 분배와 경제적 교환 그리고 강자와 약자의 관계를 규제했다.

제국은 개인이 씨족이나 종교 조직 또는 유력 집단에 흡수되는 것을 막는 언어적·종교적·법적 여건을 마련함으로써 개인이 좀 더 개방된 사회에서 활동할 수 있게 해주었다. 지배 엘리트가 사용하는 언어가 사회의 보편적인 언어가 되었으며, 각 지방의 토속신은 왕과 제국이 섬겨왔던 범접하기 어려운 강력한 신들, 즉 일종의 만신전에 모신 우주의 신들에게 자리를 양보했다. 아울러 제국의 법이 부의 분배와 경제적 교환 그리고 강자와 약자의 관계를 규제했다.

Answer ↪ 53.② 54.①

55

현은 일정한 장력으로 양단이 고정되었을 때 일정한 음을 내는데, 현이 진동할 때 진폭이 0이 되어 진동이 일어나지 않는 곳을 '마디'라 하고 진폭이 가장 큰 곳을 '배'라 한다. 현은 하나의 배를 갖는 진동부터 여러 개의 배를 갖는 진동이 모두 가능하다.

현은 일정한 장력으로 양단이 고정되었을 때 일정한 음을 내는데, 현이 진동할 때 진폭이 0이 되어 진동이 일어나지 않는 곳을 '마디'라 하고 진동이 가장 큰 곳을 '배'라 한다. 현은 하나의 배를 갖는 진동부터 여러 개의 배를 갖는 진동이 모두 가능하다.

① 같다   ② 다르다

현은 일정한 장력으로 양단이 고정되었을 때 일정한 음을 내는데, 현이 진동할 때 진폭이 0이 되어 진동이 일어나지 않는 곳을 '마디'라 하고 <u>진폭</u>이 가장 큰 곳을 '배'라 한다. 현은 하나의 배를 갖는 진동부터 여러 개의 배를 갖는 진동이 모두 가능하다.

현은 일정한 장력으로 양단이 고정되었을 때 일정한 음을 내는데, 현이 진동할 때 진폭이 0이 되어 진동이 일어나지 않는 곳을 '마디'라 하고 <u>진동</u>이 가장 큰 곳을 '배'라 한다. 현은 하나의 배를 갖는 진동부터 여러 개의 배를 갖는 진동이 모두 가능하다.

56

> 왕제(王制)는 한(漢)나라의 법이다. 왕제가 시행된 이래로 국자와 서민이 함께 태학에 들어가게 되었다. 그 제도가 2천 년이나 내려왔으니, 옛 제도는 회복할 수 없게 되었다. 비록 그렇지만 국자를 가르치던 법을 없어지게 해서는 안 된다.

> 왕제(王制)는 한(漢)나라의 법이다. 왕제가 시행된 이래로 국자와 서민이 함께 태학에 들어가게 되었다. 그 제도가 2천 년이나 내려왔으니, 옛 제도는 회복할 수 있게 되었다. 비록 그렇지만 국자를 가르치던 법을 없어지게 해서는 안 된다.

① 1개   ② 2개

③ 3개   ④ 4개

> 왕제(王制)는 한(漢)나라의 법이다. 왕제가 시행된 이래로 국자와 서민이 함께 태학에 들어가게 되었다. 그 제도가 2천 년이나 내려왔으니, 옛 제도는 회복할 수 <u>없게</u> 되었다. 비록 그렇지만 국자를 가르치던 법을 없어지게 해서는 안 된다.

> 왕제(王制)는 한(漢)나라의 법이다. 왕제가 시행된 이래로 국자와 서민이 함께 태학에 들어가게 되었다. 그 제도가 2천 년이나 내려왔으니, 옛 제도는 회복할 수 <u>있게</u> 되었다. 비록 그렇지만 국자를 가르치던 법을 없어지게 해서는 안 된다.

57

선호 공리주의는 사람들 각자가 지닌 선호의 만족을 모두 고려하는데, 고려되는 선호들은 여러 가지다. 개인적 선호는 내가 나 자신의 소유인 재화, 자원, 기회 등에 대해 갖는 선호이다. 외재적 선호는 타인이 그의 소유인 재화, 자원 그리고 기회 등을 그를 위해 사용하는 것에 대해 내가 갖는 선호이다. 이기적 선호는 다른 사람이 어떤 자원에 대한 정당한 권리가 있다는 사실을 무시하고 그 자원이 나를 위해 쓰이기를 원하는 것이다. 적응적 선호는 사람들이 환경에 이미 적응하여 형성된 선호이다.

선호 공리주의는 사람들 각자가 지닌 선호의 만족을 모두 고려하는데, 고려되는 선호들은 여러 가지다. 개인적 선호는 내가 나 자신의 소유인 재화, 재원, 기회 등에 대해 갖는 선호이다. 외재적 선호는 타인이 그의 소유인 재화, 자원 그리고 기회 등을 나를 위해 사용하는 것에 대해 내가 갖는 선호이다. 이기적 선호는 다른 사람이 어떤 자원에 대한 정당한 권리가 있다는 사실을 인정하고 그 자원이 나를 위해 쓰이기를 원하는 것이다. 적응적 선호는 사람들이 환경에 이미 적응하여 형성된 선호이다.

① 1개   ② 2개

③ 3개   ④ 4개

선호 공리주의는 사람들 각자가 지닌 선호의 만족을 모두 고려하는데, 고려되는 선호들은 여러 가지다. 개인적 선호는 내가 나 자신의 소유인 재화, <u>자원</u>, 기회 등에 대해 갖는 선호이다. 외재적 선호는 타인이 그의 소유인 재화, 자원 그리고 기회 등을 <u>그를</u> 위해 사용하는 것에 대해 내가 갖는 선호이다. 이기적 선호는 다른 사람이 어떤 자원에 대한 정당한 권리가 있다는 사실을 <u>무시</u>하고 그 자원이 나를 위해 쓰이기를 원하는 것이다. 적응적 선호는 사람들이 환경에 이미 적응하여 형성된 선호이다.

선호 공리주의는 사람들 각자가 지닌 선호의 만족을 모두 고려하는데, 고려되는 선호들은 여러 가지다. 개인적 선호는 내가 나 자신의 소유인 재화, <u>재원</u>, 기회 등에 대해 갖는 선호이다. 외재적 선호는 타인이 그의 소유인 재화, 자원 그리고 기회 등을 <u>나를</u> 위해 사용하는 것에 대해 내가 갖는 선호이다. 이기적 선호는 다른 사람이 어떤 자원에 대한 정당한 권리가 있다는 사실을 <u>인정</u>하고 그 자원이 나를 위해 쓰이기를 원하는 것이다. 적응적 선호는 사람들이 환경에 이미 적응하여 형성된 선호이다.

58

목상들은 운반이 편리하며 굵고 큰 금산의 나무를 선호하였는데, 이들에 의해 유통된 목재는 개인 소유 선박인 사선의 제작에 주로 사용되었다. 이에 따라 수군의 병선 제작이나 관선 제작이 어려움을 겪을 정도였다. 목상의 활동으로 인해 피해를 입은 것은 사양산의 소나무도 예외는 아니었다. 선박 한 척을 만드는 데 많을 경우 400여 그루의 소나무가 필요하였기 때문에 목상들은 닥치는 대로 나무를 구매하여 유통시켰다. 이에 목상들에게 판매하기 위한 소나무를 확보하기 위하여 금산이나 사양산을 가리지 않고 무차별적인 투작이 행해졌다.

목상들은 운반이 편리하며 굵고 큰 금산의 나무를 선호하였는데, 이들에 의해 유통된 목재는 개인 소유 선박인 시선의 제작에 주로 사용되었다. 이에 따라 수군의 병선 제작이나 관선 제작이 어려움을 격을 정도였다. 목상의 활동으로 인해 피해를 입은 것은 자양산의 소나무도 예외는 아니었다. 선박 한 척을 만드는 데 많을 경우 400여 그루의 소나무가 필요하였기 때문에 목상들은 닥치는 대로 나무를 구매하여 유통시켰다. 이에 목상들에게 판매하기 위한 소나무를 확보하기 위하여 금산이나 사양산을 가리지 않고 무차별적인 두작이 행해졌다.

① 1개   ② 2개

③ 3개   ④ 4개

목상들은 운반이 편리하며 굵고 큰 금산의 나무를 선호하였는데, 이들에 의해 유통된 목재는 개인 소유 선박인 <u>사선</u>의 제작에 주로 사용되었다. 이에 따라 수군의 병선 제작이나 관선 제작이 어려움을 <u>겪을</u> 정도였다. 목상의 활동으로 인해 피해를 입은 것은 <u>사양산</u>의 소나무도 예외는 아니었다. 선박 한 척을 만드는 데 많을 경우 400여 그루의 소나무가 필요하였기 때문에 목상들은 닥치는 대로 나무를 구매하여 유통시켰다. 이에 목상들에게 판매하기 위한 소나무를 확보하기 위하여 금산이나 사양산을 가리지 않고 무차별적인 <u>투작</u>이 행해졌다.

목상들은 운반이 편리하며 굵고 큰 금산의 나무를 선호하였는데, 이들에 의해 유통된 목재는 개인 소유 선박인 <u>시선</u>의 제작에 주로 사용되었다. 이에 따라 수군의 병선 제작이나 관선 제작이 어려움을 <u>격을</u> 정도였다. 목상의 활동으로 인해 피해를 입은 것은 <u>자양산</u>의 소나무도 예외는 아니었다. 선박 한 척을 만드는 데 많을 경우 400여 그루의 소나무가 필요하였기 때문에 목상들은 닥치는 대로 나무를 구매하여 유통시켰다. 이에 목상들에게 판매하기 위한 소나무를 확보하기 위하여 금산이나 사양산을 가리지 않고 무차별적인 <u>두작</u>이 행해졌다.

Answer 57.③ 58.④

59

오늘날 우리는 모두 소비자이다. 그냥 소비자가 아니라, 권리상, 의무상 소비자이다. 우리는 골치 아픈 일에서 벗어나 만족으로 가는 길에서 마주치는 모든 문제의 해결책을 상점에서 찾는다. 슈퍼마켓은 우리의 사원(寺院)이다. 쇼핑 목록은 우리의 성무일도서(聖務日禱書)이고, 쇼핑몰을 거니는 것은 우리의 순례가 된다. 충동구매를 하거나 보다 매력적인 물건들로 자유롭게 바꾸기 위해 더 이상 매력적이지 않은 물건들을 마음 내키는 대로 처분하는 것이야말로 우리를 가장 열광시킨다. 젊은 세대에게도 이러한 열광은 잘 나타난다. 이렇게 우리는 하나의 소비 대상을 쉽게 처분하고는 새롭고 향상된 소비 대상으로 계속 대체한다.

오늘날 우리는 모두 소비자이다. 그냥 소비자가 아니라, 권리상, 의무상 소비자이다. 우리는 골치 아픈 일에서 벗어나 만족으로 가는 길에서 마주치는 모든 문제의 해결책을 상점에서 찾는다. 슈퍼마켓은 우리의 사원(史苑)이다. 쇼핑 목록은 우리의 성무일도서(聖務日禱書)이고, 쇼핑몰을 거니는 것은 우리의 순례가 된다. 충동구매를 하거나 보다 매력적인 물건들로 자유롭게 바꾸기 위해 더 이상 매력적이지 않은 물건들을 마음 내키는 대로 처분하는 것이야말로 우리를 가장 열망시킨다. 젊은 세대에게도 이러한 열광은 잘 나타난다. 이렇게 우리는 하나의 소비 대상을 쉽게 처분하고는 새롭고 향상된 소비 대상으로 계속 대체한다.

① 1개   ② 2개

③ 3개   ④ 4개

오늘날 우리는 모두 소비자이다. 그냥 소비자가 아니라, 권리상, 의무상 소비자이다. 우리는 골치 아픈 일에서 벗어나 만족으로 가는 길에서 마주치는 모든 문제의 해결책을 상점에서 찾는다. 슈퍼마켓은 우리의 사원(<u>寺院</u>)이다. 쇼핑 목록은 우리의 성무일도서(<u>聖務日禱書</u>)이고, 쇼핑몰을 거니는 것은 우리의 순례가 된다. 충동구매를 하거나 보다 매력적인 물건들로 자유롭게 바꾸기 위해 더 이상 매력적이지 않은 물건들을 마음 내키는 대로 처분하는 것이야말로 우리를 가장 <u>열광</u>시킨다. 젊은 세대에게도 이러한 열광은 잘 나타난다. 이렇게 우리는 하나의 소비 대상을 쉽게 처분하고는 새롭고 향상된 소비 대상으로 계속 대체한다.

오늘날 우리는 모두 소비자이다. 그냥 소비자가 아니라, 권리상, 의무상 소비자이다. 우리는 골치 아픈 일에서 벗어나 만족으로 가는 길에서 마주치는 모든 문제의 해결책을 상점에서 찾는다. 슈퍼마켓은 우리의 사원(<u>史苑</u>)이다. 쇼핑 목록은 우리의 성무일도서(<u>聖務日禱書</u>)이고, 쇼핑몰을 거니는 것은 우리의 순례가 된다. 충동구매를 하거나 보다 매력적인 물건들로 자유롭게 바꾸기 위해 더 이상 매력적이지 않은 물건들을 마음 내키는 대로 처분하는 것이야말로 우리를 가장 <u>열망</u>시킨다. 젊은 세대에게도 이러한 열광은 잘 나타난다. 이렇게 우리는 하나의 소비 대상을 쉽게 처분하고는 새롭고 향상된 소비 대상으로 계속 대체한다.

60

영혼은 아주 미세한 입자들로 구성되어 있기 때문에, 몸의 나머지 구조들과 더 잘 조화를 이룰 수 있다. 감각의 주요한 원인은 영혼에 있다. 그러나 몸의 나머지 구조에 의해 보호되지 않는다면, 영혼은 감각을 가질 수 없을 것이다. 몸은 감각의 원인을 영혼에 제공한 후, 자신도 감각 속성의 몫을 영혼으로부터 얻는다. 영혼이 몸을 떠나면, 몸은 더 이상 감각을 소유하지 않는다.

영혼은 아주 미세한 입자들로 구성되어 있기 때문에, 몸의 나머지 구조들과 더 잘 조화를 이룰 수 있다. 감각의 중요한 원인은 영혼에 있다. 그러나 몸의 나머지 구조에 의해 보관되지 않는다면, 영혼은 감각을 가질 수 없을 것이다. 몸은 감각의 원인을 영혼에 재공한 후, 자신도 감각 속성의 몫을 영혼으로부터 얻는다. 영혼이 몸을 떠나면, 몸은 더 이상 감각을 소유하지 않는다.

① 1개   ② 2개

③ 3개   ④ 4개

영혼은 아주 미세한 입자들로 구성되어 있기 때문에, 몸의 나머지 구조들과 더 잘 조화를 이룰 수 있다. 감각의 <u>주요한</u> 원인은 영혼에 있다. 그러나 몸의 나머지 구조에 의해 <u>보호</u>되지 않는다면, 영혼은 감각을 가질 수 없을 것이다. 몸은 감각의 원인을 영혼에 <u>제공</u>한 후, 자신도 감각 속성의 몫을 영혼으로부터 얻는다. 영혼이 몸을 떠나면, 몸은 더 이상 감각을 소유하지 않는다.

영혼은 아주 미세한 입자들로 구성되어 있기 때문에, 몸의 나머지 구조들과 더 잘 조화를 이룰 수 있다. 감각의 <u>중요한</u> 원인은 영혼에 있다. 그러나 몸의 나머지 구조에 의해 <u>보관</u>되지 않는다면, 영혼은 감각을 가질 수 없을 것이다. 몸은 감각의 원인을 영혼에 <u>재공</u>한 후, 자신도 감각 속성의 몫을 영혼으로부터 얻는다. 영혼이 몸을 떠나면, 몸은 더 이상 감각을 소유하지 않는다.

Answer ⤏ 59.②   60.③

61

> 지금 붕당을 만드는 것은 군자나 소인이 아니다. 의논이 갈리고 의견을 달리하여 저편이 저쪽의 시비를 드러내면 이편 또한 이쪽의 시비로 대응한다. 저편에 군자와 소인이 있으면 이편에도 군자와 소인이 있다. 따라서 붕당을 그대로 둔다면 군자를 모을 수 없고 소인을 교화시킬 수 없다. 이제는 붕당이 아닌 재능에 따라 인재를 등용하는 정책을 널리 펴야 한다.

> 지금 붕당을 만드는 것은 군자나 소인이 아니다. 의논이 갈리고 의견을 달리하여 저편이 저쪽의 시비를 드러내면 이편 또한 이쪽의 시비로 대응한다. 저편에 군자와 소인이 있으면 이편에도 군자와 소인이 있다. 따라서 분단을 그대로 둔다면 군자를 모을 수 없고 소인을 교화시킬 수 없다. 이제는 붕당이 아닌 재능에 따라 인재를 등용하는 정책을 널리 펴야 한다.

① 1개   ② 2개

③ 3개   ④ 4개

> 지금 붕당을 만드는 것은 군자나 소인이 아니다. 의논이 갈리고 의견을 달리하여 저편이 저쪽의 시비를 드러내면 이편 또한 이쪽의 시비로 대응한다. 저편에 군자와 소인이 있으면 이편에도 군자와 소인이 있다. 따라서 <u>붕당</u>을 그대로 둔다면 군자를 모을 수 없고 소인을 교화시킬 수 없다. 이제는 붕당이 아닌 재능에 따라 인재를 등용하는 정책을 널리 펴야 한다.

> 지금 붕당을 만드는 것은 군자나 소인이 아니다. 의논이 갈리고 의견을 달리하여 저편이 저쪽의 시비를 드러내면 이편 또한 이쪽의 시비로 대응한다. 저편에 군자와 소인이 있으면 이편에도 군자와 소인이 있다. 따라서 <u>분단</u>을 그대로 둔다면 군자를 모을 수 없고 소인을 교화시킬 수 없다. 이제는 붕당이 아닌 재능에 따라 인재를 등용하는 정책을 널리 펴야 한다.

62

사람의 눈이나 귀 같은 감각기관은 아날로그 연산에 바탕을 둔 정보 처리 조직을 가지고 있지만 이로부터 발생되는 정보는 디지털 정보이다. 감각기관에 분포하는 수용기는 특별한 목적을 가지는 아날로그－디지털 변환기로 볼 수 있는데, 이것은 전달되는 입력의 특정 패턴을 감지하여, 디지털 신호와 유사한 부호를 발생시킨다. 이 신호는 다음 단계의 신경세포에 입력되고, 이 과정이 거미줄처럼 연결된 무수히 많은 신경세포의 연결 구조 속에서 반복되면서 뇌의 다양한 인지 활동을 형성한다.

사람의 눈이나 귀 같은 감각기관은 아날로그 연산에 바탕을 둔 정보 처리 조직을 가지고 있지만 이로부터 발생하는 정보는 디지털 정보이다. 감각기관에 분포하는 수용기는 특별한 목적을 가지는 아날로그－디지털 변환기로 볼 수 있는데, 이것은 전달되는 입력의 특정 패턴을 감지하여, 디지털 신호와 유사한 보후를 발생시킨다. 이 신호는 다음 단계의 신경세포에 입력되고, 이 과정이 거미줄처럼 연결된 무수히 많은 신경세포의 연결 구조 속에서 반복되면서 뇌의 다양한 인지 활동을 형성한다.

① 1개   ② 2개
③ 3개   ④ 4개

사람의 눈이나 귀 같은 감각기관은 아날로그 연산에 바탕을 둔 정보 처리 조직을 가지고 있지만 이로부터 발생<u>되는</u> 정보는 디지털 정보이다. 감각기관에 분포하는 수용기는 특별한 목적을 가지는 아날로그－디지털 변환기로 볼 수 있는데, 이것은 전달되는 입력의 특정 패턴을 감지하여, 디지털 신호와 유사한 <u>부호</u>를 발생시킨다. 이 신호는 다음 단계의 신경세포에 입력되고, 이 과정이 거미줄처럼 연결된 무수히 많은 신경세포의 연결 구조 속에서 반복되면서 뇌의 다양한 인지 활동을 형성한다.

사람의 눈이나 귀 같은 감각기관은 아날로그 연산에 바탕을 둔 정보 처리 조직을 가지고 있지만 이로부터 발생<u>하는</u> 정보는 디지털 정보이다. 감각기관에 분포하는 수용기는 특별한 목적을 가지는 아날로그－디지털 변환기로 볼 수 있는데, 이것은 전달되는 입력의 특정 패턴을 감지하여, 디지털 신호와 유사한 <u>보후</u>를 발생시킨다. 이 신호는 다음 단계의 신경세포에 입력되고, 이 과정이 거미줄처럼 연결된 무수히 많은 신경세포의 연결 구조 속에서 반복되면서 뇌의 다양한 인지 활동을 형성한다.

Answer ⟶ 61.① 62.②

63

포유동물에서 수컷과 암컷의 성별은 나중에 외부생식기로 발달할 전구체인 기관 A에 성호르몬이 작용하는 데서 결정된다. 성호르몬은 배아가 어미 속에서 성적 특성을 보이기 시작하는 시기에 작용하며, 개체의 성장, 발생, 생식 주기, 그리고 성행동을 조절한다. 포유동물의 경우 원시 생식소로부터 분화되어 형성된 생식소인 정소와 난소로부터 성호르몬이 분비된다. 이들 생식소는 안드로겐, 에스트로겐, 프로게스틴의 세 가지 종류의 성호르몬을 생산하고 분비한다. 이 점에서는 남성과 여성 사이에 차이가 없다. 하지만 이들 호르몬의 비율은 성별에 따라 매우 다르며, 이 비율의 차이가 사춘기 남성과 여성의 성징을 나타내는 데 중요한 역할을 하는 것으로 알려져 있다.

포유동물에서 수컷과 암컷의 성별은 나중에 외부생식기로 발달할 전구체인 기관 A에 성호르몬이 착용하는 데서 결정된다. 성호르몬은 배이가 어미 속에서 성적 특성을 보이기 시작하는 시기에 작용하며, 개체의 성장, 발생, 생식 주기, 그리고 성행동을 조절한다. 포유동물의 경우 원시 생식소로부터 분화되어 형성된 생식소인 정소와 난소로부터 성호르몬이 분비된다. 이들 생식소는 안드로겐, 에스트로겐, 프로게스틴의 세 가지 종류의 성호르몬을 생산하고 분비한다. 이 점에서는 남성과 여성 사이에 차이가 있다. 하지만 이들 호르몬의 비율은 성별에 따라 매우 다르며, 이 배율의 차이가 사춘기 남성과 여성의 성징을 나타내는 데 중요한 역할을 하는 것으로 알려져 있다.

① 1개　　　　　　　　　　　② 2개
③ 3개　　　　　　　　　　　④ 4개

포유동물에서 수컷과 암컷의 성별은 나중에 외부생식기로 발달할 전구체인 기관 A에 성호르몬이 <u>작용</u>하는 데서 결정된다. 성호르몬은 <u>배아</u>가 어미 속에서 성적 특성을 보이기 시작하는 시기에 작용하며, 개체의 성장, 발생, 생식 주기, 그리고 성행동을 조절한다. 포유동물의 경우 원시 생식소로부터 분화되어 형성된 생식소인 정소와 난소로부터 성호르몬이 분비된다. 이들 생식소는 안드로겐, 에스트로겐, 프로게스틴의 세 가지 종류의 성호르몬을 생산하고 분비한다. 이 점에서는 남성과 여성 사이에 차이가 <u>없다</u>. 하지만 이들 호르몬의 비율은 성별에 따라 매우 다르며, 이 <u>비율</u>의 차이가 사춘기 남성과 여성의 성징을 나타내는 데 중요한 역할을 하는 것으로 알려져 있다.

포유동물에서 수컷과 암컷의 성별은 나중에 외부생식기로 발달할 전구체인 기관 A에 성호르몬이 <u>착용</u>하는 데서 결정된다. 성호르몬은 <u>배이</u>가 어미 속에서 성적 특성을 보이기 시작하는 시기에 작용하며, 개체의 성장, 발생, 생식 주기, 그리고 성행동을 조절한다. 포유동물의 경우 원시 생식소로부터 분화되어 형성된 생식소인 정소와 난소로부터 성호르몬이 분비된다. 이들 생식소는 안드로겐, 에스트로겐, 프로게스틴의 세 가지 종류의 성호르몬을 생산하고 분비한다. 이 점에서는 남성과 여성 사이에 차이가 <u>있다</u>. 하지만 이들 호르몬의 비율은 성별에 따라 매우 다르며, 이 <u>배율</u>의 차이가 사춘기 남성과 여성의 성징을 나타내는 데 중요한 역할을 하는 것으로 알려져 있다.

▌64~66 ▌ 다음 짝지어진 문자 중에서 서로 다른 것을 찾으시오.

64
① cmpsoweirpk – cmpsoweirpk
② cporpoweik – cporqowejk
③ nodcvjpdpori – nodcvjpdpori
④ 제배뎅터펜제 – 제배뎅터펜제

 ② cporpoweik – cporqowejk

65
① fjsdfopjorp – fjsdfopjorp
② 54896315 – 54896315
③ 소수득별준 – 소수특별준
④ 웬걸왠지웽왱 – 웬걸왠지웽왱

 ③ 소수득별준–소수특별준

66
① sadflkjdlksjf – sadflkjdlksjf
② 철수책상철책상 – 철수책상철책상
③ 15149528479 – 15149528479
④ 頂上會談報道局 – 頂上會淡報道局

 ④ 頂上會談報道局 – 頂上會淡報道局

Answer → 63.④ 64.② 65.③ 66.④

|67~68| 다음 제시된 글을 읽고 물음에 답하시오.

> 우리나라는 예부터 유교의 영향을 많이 받은 국가로 제사를 지내는 전통 또한 유교의 영향이라 할 수 있다. 제사는 돌아가신 조상께 음식을 바치며 기원을 드리거나 추모하는 의식을 말하는데 주로 1년 중에 명절과 돌아가신 기일에 각각 지내며 이때는 온 가족이 함께 모여 음식을 만들고 의식을 행한다. 조선시대 때는 민간에서는 물론 국가적인 차원에서도 제사를 지냈는데 종묘·사직에 제사를 지낸 것이 그것이다.

67 위 글에서 '유교'라는 단어는 모두 몇 번 나오는가?

① 1번   ② 2번

③ 3번   ④ 4번

> 우리나라는 예부터 <u>유교</u>의 영향을 많이 받은 국가로 제사를 지내는 전통 또한 <u>유교</u>의 영향이라 할 수 있다. 제사는 돌아가신 조상께 음식을 바치며 기원을 드리거나 추모하는 의식을 말하는데 주로 1년 중에 명절과 돌아가신 기일에 각각 지내며 이때는 온 가족이 함께 모여 음식을 만들고 의식을 행한다. 조선시대 때는 민간에서는 물론 국가적인 차원에서도 제사를 지냈는데 종묘·사직에 제사를 지낸 것이 그것이다.

68 위 글은 모두 몇 문장으로 이루어져 있는가?

① 1문장   ② 2문장

③ 3문장   ④ 4문장

 위 글은 모두 3문장으로 이루어져 있다.

> 따라서 예부터 사람들은 바둑은 각자의 성품과 도량을 표현하며 바둑 한 판 한 판에서 발생하는 상황들이 인생의 흥망성쇠와 희노애락과 비슷하여 인격수양에 도움이 된다고 여겼다. 우리나라에서 바둑에 대한 기사가 처음 나온 것은 삼국시대로 중국의 「구당서(舊唐書)」에는 '고구려는 바둑·투호의 유희를 좋아한다.'고 나와 있고, 「후한서(後漢書)」에는 '백제의 풍속은 말타고 활쏘는 것을 중히 여기며 역사서적도 사랑한다. 토호·저포와 여러 유희가 있는데 바둑을 더 숭상한다.'고 기록되어 있다.

69 위 글에서 '바둑'이라는 단어는 모두 몇 번 나오는가?

① 3번   ② 5번

③ 7번   ④ 9번

 Tip

> 따라서 예부터 사람들은 <u>바둑</u>은 각자의 성품과 도량을 표현하며 <u>바둑</u> 한 판 한 판에서 발생하는 상황들이 인생의 흥망성쇠와 희노애락과 비슷하여 인격수양에 도움이 된다고 여겼다. 우리나라에서 <u>바둑</u>에 대한 기사가 처음 나온 것은 삼국시대로 중국의 「구당서(舊唐書)」에는 '고구려는 <u>바둑</u>·투호의 유희를 좋아한다.'고 나와 있고, 「후한서(後漢書)」에는 '백제의 풍속은 말타고 활쏘는 것을 중히 여기며 역사서적도 사랑한다. 토호·저포와 여러 유희가 있는데 <u>바둑</u>을 더 숭상한다.'고 기록되어 있다.

70 위 글은 모두 몇 문장으로 이루어져 있는가?

① 3문장   ② 5문장

③ 7문장   ④ 9문장

 Tip   위 글은 모두 3문장으로 이루어져 있다.

Answer ➡ 67.②   68.③   69.②   70.①

PART

III

인성검사

01 인성검사의 개요

1 인성(성격)검사의 개념과 목적

인성(성격)이란 개인을 특징짓는 평범하고 일상적인 사회적 이미지, 즉 지속적이고 일관된 공적 성격(Public - personality)이며, 환경에 대응함으로써 선천적 · 후천적 요소의 상호작용으로 결정화된 심리적 · 사회적 특성 및 경향을 의미한다.

인성검사는 직무적성검사를 실시하는 대부분의 기업체에서 병행하여 실시하고 있으며, 인성검사만 독자적으로 실시하는 기업도 있다.

기업체에서는 인성검사를 통하여 각 개인이 어떠한 성격 특성이 발달되어 있고, 어떤 특성이 얼마나 부족한지, 그것이 해당 직무의 특성 및 조직문화와 얼마나 맞는지를 알아보고 이에 적합한 인재를 선발하고자 한다. 또한 개인에게 적합한 직무 배분과 부족한 부분을 교육을 통해 보완하도록 할 수 있다.

인성검사의 측정요소는 검사방법에 따라 차이가 있다. 또한 각 기업체들이 사용하고 있는 인성검사는 기존에 개발된 인성검사방법에 각 기업체의 인재상을 적용하여 자신들에게 적합하게 재개발하여 사용하는 경우가 많다. 그러므로 기업체에서 요구하는 인재상을 파악하여 그에 따른 대비책을 준비하는 것이 바람직하다. 본서에서 제시된 인성검사는 크게 '특성'과 '유형'의 측면에서 측정하게 된다.

2 성격의 특성

(1) 정서적 측면

정서적 측면은 평소 마음의 당연시하는 자세나 정신상태가 얼마나 안정하고 있는지 또는 불안정한지를 측정한다.

정서의 상태는 직무수행이나 대인관계와 관련하여 태도나 행동으로 드러난다. 그러므로 정서적 측면을 측정하는 것에 의해, 장래 조직 내의 인간관계에 어느 정도 잘 적응할 수 있을까 (또는 적응하지 못할까)를 예측하는 것이 가능하다.

그렇기 때문에, 정서적 측면의 결과는 채용 시에 상당히 중시된다. 아무리 능력이 좋아도 장기적으로 조직 내의 인간관계에 잘 적응할 수 없다고 판단되는 인재는 기본적으로는 채용되지 않는다.

일반적으로 인성(성격)검사는 채용과는 관계없다고 생각하나 정서적으로 조직에 적응하지 못하는 인재는 채용단계에서 가려내지는 것을 유의하여야 한다.

① **민감성(신경도)** … 꼼꼼함, 섬세함, 성실함 등의 요소를 통해 일반적으로 신경질적인지 또는 자신의 존재를 위협받는다는 불안을 갖기 쉬운지를 측정한다.

질문	그렇다	약간 그렇다	그저 그렇다	별로 그렇지 않다	그렇지 않다
• 배려적이라고 생각한다.					
• 어지러진 방에 있으면 불안하다.					
• 실패 후에는 불안하다.					
• 세세한 것까지 신경쓴다.					
• 이유 없이 불안할 때가 있다.					

▶측정결과

㉠ **'그렇다'가 많은 경우**(상처받기 쉬운 유형) : 사소한 일에 신경 쓰고 다른 사람의 사소한 한마디 말에 상처를 받기 쉽다.

• **면접관의 심리** : '동료들과 잘 지낼 수 있을까?', '실패할 때마다 위축되지 않을까?'

• **면접대책** : 다소 신경질적이라도 능력을 발휘할 수 있다는 평가를 얻도록 한다. 주변과 충분한 의사소통이 가능하고, 결정한 것을 실행할 수 있다는 것을 보여주어야 한다.

㉡ **'그렇지 않다'가 많은 경우**(정신적으로 안정적인 유형) : 사소한 일에 신경 쓰지 않고 금방 해결하며, 주위 사람의 말에 과민하게 반응하지 않는다.

• **면접관의 심리** : '계약할 때 필요한 유형이고, 사고 발생에도 유연하게 대처할 수 있다.'

• **면접대책** : 일반적으로 '민감성'의 측정치가 낮으면 플러스 평가를 받으므로 더욱 자신감 있는 모습을 보여준다.

② **자책성(과민도)** ··· 자신을 비난하거나 책망하는 정도를 측정한다.

질문	그렇다	약간 그렇다	그저 그렇다	별로 그렇지 않다	그렇지 않다
• 후회하는 일이 많다. • 자신이 하찮은 존재라 생각된다. • 문제가 발생하면 자기의 탓이라고 생각한다. • 무슨 일이든지 끙끙대며 진행하는 경향이 있다. • 온순한 편이다.					

▶측정결과

㉠ '그렇다'가 많은 경우(자책하는 유형) : 비관적이고 후회하는 유형이다.
• 면접관의 심리 : '끙끙대며 괴로워하고, 일을 진행하지 못할 것 같다.'
• 면접대책 : 기분이 저조해도 항상 의욕을 가지고 생활하는 것과 책임감이 강하다는 것을 보여준다.
㉡ '그렇지 않다가 많은 경우(낙천적인 유형) : 기분이 항상 밝은 편이다.
• 면접관의 심리 : '안정된 대인관계를 맺을 수 있고, 외부의 압력에도 흔들리지 않는다.'
• 면접대책 : 일반적으로 '자책성'의 측정치가 낮아야 좋은 평가를 받는다.

③ **기분성(불안도)** ··· 기분의 굴곡이나 감정적인 면의 미숙함이 어느 정도인지를 측정하는 것이다.

질문	그렇다	약간 그렇다	그저 그렇다	별로 그렇지 않다	그렇지 않다
• 다른 사람의 의견에 자신의 결정이 흔들리는 경우가 많다. • 기분이 쉽게 변한다. • 종종 후회한다. • 다른 사람보다 의지가 약한 편이라고 생각한다. • 금방 싫증을 내는 성격이라는 말을 자주 듣는다.					

▶측정결과

㉠ '그렇다'가 많은 경우(감정의 기복이 많은 유형) : 의지력보다 기분에 따라 행동하기 쉽다.
• 면접관의 심리 : '감정적인 것에 약하며, 상황에 따라 생산성이 떨어지지 않을까?'
• 면접대책 : 주변 사람들과 항상 협조한다는 것을 강조하고 한결같은 상태로 일할 수 있다는 평가를 받도록 한다.
㉡ '그렇지 않다'가 많은 경우(감정의 기복이 적은 유형) : 감정의 기복이 없고, 안정적이다.
• 면접관의 심리 : '안정적으로 업무에 임할 수 있다.'
• 면접대책 : 기분성의 측정치가 낮으면 플러스 평가를 받으므로 자신감을 가지고 면접에 임한다.

④ **독자성(개인도)** … 주변에 대한 견해나 관심, 자신의 견해나 생각에 어느 정도의 속박감을 가지고 있는지를 측정한다.

질문	그렇다	약간 그렇다	그저 그렇다	별로 그렇지 않다	그렇지 않다
• 창의적 사고방식을 가지고 있다. • 융통성이 있는 편이다. • 혼자 있는 편이 많은 사람과 있는 것보다 편하다. • 개성적이라는 말을 듣는다. • 교제는 번거로운 것이라고 생각하는 경우가 많다.					

▶측정결과

㉠ '그렇다'가 많은 경우 : 자기의 관점을 중요하게 생각하는 유형으로, 주위의 상황보다 자신의 느낌과 생각을 중시한다.
  • 면접관의 심리 : '제멋대로 행동하지 않을까?'
  • 면접대책 : 주위 사람과 협조하여 일을 진행할 수 있다는 것과 상식에 얽매이지 않는다는 인상을 심어 준다.

㉡ '그렇지 않다'가 많은 경우 : 상식적으로 행동하고 주변 사람의 시선에 신경을 쓴다.
  • 면접관의 심리 : '다른 직원들과 협조하여 업무를 진행할 수 있겠다.'
  • 면접대책 : 협조성이 요구되는 기업체에서는 플러스 평가를 받을 수 있다.

⑤ **자신감(자존심도)** … 자기 자신에 대해 얼마나 긍정적으로 평가하는지를 측정한다.

질문	그렇다	약간 그렇다	그저 그렇다	별로 그렇지 않다	그렇지 않다
• 다른 사람보다 능력이 뛰어나다고 생각한다. • 다소 반대의견이 있어도 나만의 생각으로 행동할 수 있다. • 나는 다른 사람보다 기가 센 편이다. • 동료가 나를 모욕해도 무시할 수 있다. • 대개의 일을 목적한 대로 헤쳐나갈 수 있다고 생각한다.					

▶측정결과

㉠ '그렇다'가 많은 경우 : 자기 능력이나 외모 등에 자신감이 있고, 비판당하는 것을 좋아하지 않는다.
• 면접관의 심리 : '자만하여 지시에 잘 따를 수 있을까?'
• 면접대책 : 다른 사람의 조언을 잘 받아들이고, 겸허하게 반성하는 면이 있다는 것을 보여주고, 동료들과 잘 지내며 리더의 자질이 있다는 것을 강조한다.

㉡ '그렇지 않다'가 많은 경우 : 자신감이 없고 다른 사람의 비판에 약하다.
• 면접관의 심리 : '패기가 부족하지 않을까?', '쉽게 좌절하지 않을까?'
• 면접대책 : 극도의 자신감 부족으로 평가되지는 않는다. 그러나 마음이 약한 면은 있지만 의욕적으로 일을 하겠다는 마음가짐을 보여준다.

⑥ 고양성(분위기에 들뜨는 정도) … 자유분방함, 명랑함과 같이 감정(기분)의 높고 낮음의 정도를 측정한다.

질문	그렇다	약간 그렇다	그저 그렇다	별로 그렇지 않다	그렇지 않다
• 침착하지 못한 편이다. • 다른 사람보다 쉽게 우쭐해진다. • 모든 사람이 아는 유명인사가 되고 싶다. • 모임이나 집단에서 분위기를 이끄는 편이다. • 취미 등이 오랫동안 지속되지 않는 편이다.					

▶측정결과

㉠ '그렇다'가 많은 경우 : 자극이나 변화가 있는 일상을 원하고 기분을 들뜨게 하는 사람과 친밀하게 지내는 경향이 강하다.

• 면접관의 심리 : '일을 진행하는 데 변덕스럽지 않을까?'

• 면접대책 : 밝은 태도는 플러스 평가를 받을 수 있지만, 착실한 업무능력이 요구되는 직종에서는 마이너스 평가가 될 수 있다. 따라서 자기조절이 가능하다는 것을 보여준다.

㉡ '그렇지 않다'가 많은 경우 : 감정이 항상 일정하고, 속을 드러내 보이지 않는다.

• 면접관의 심리 : '안정적인 업무 태도를 기대할 수 있겠다.'

• 면접대책 : '고양성'의 낮음은 대체로 플러스 평가를 받을 수 있다. 그러나 '무엇을 생각하고 있는지 모르겠다' 등의 평을 듣지 않도록 주의한다.

⑦ 허위성(진위성) … 필요 이상으로 자기를 좋게 보이려 하거나 기업체가 원하는 '이상형'에 맞춘 대답을 하고 있는지, 없는지를 측정한다.

질문	그렇다	약간 그렇다	그저 그렇다	별로 그렇지 않다	그렇지 않다
• 약속을 깨뜨린 적이 한 번도 없다. • 다른 사람을 부럽다고 생각해 본 적이 없다. • 꾸지람을 들은 적이 없다. • 사람을 미워한 적이 없다. • 화를 낸 적이 한 번도 없다.					

▶측정결과

㉠ '그렇다'가 많은 경우 : 실제의 자기와는 다른, 말하자면 원칙으로 해답할 가능성이 있다.
• 면접관의 심리 : '거짓을 말하고 있다.'
• 면접대책 : 조금이라도 좋게 보이려고 하는 '거짓말쟁이'로 평가될 수 있다. '거짓을 말하고 있다.'는 마음 따위가 전혀 없다 해도 결과적으로는 정직하게 답하지 않는다는 것이 되어 버린다. '허위성'의 측정 질문은 구분되지 않고 다른 질문 중에 섞여 있다. 그러므로 모든 질문에 솔직하게 답하여야 한다. 또한 자기 자신과 너무 동떨어진 이미지로 답하면 좋은 결과를 얻지 못한다. 그리고 면접에서 '허위성'을 기본으로 한 질문을 받게 되므로 당황하거나 또다른 모순된 답변을 하게 된다. 겉치레를 하거나 무리한 욕심을 부리지 말고 '이런 사회인이 되고 싶다.'는 현재의 자신보다, 조금 성장한 자신을 표현하는 정도가 적당하다.
㉡ '그렇지 않다'가 많은 경우 : 냉정하고 정직하며, 외부의 압력과 스트레스에 강한 유형이다. '대쪽 같음'의 이미지가 굳어지지 않도록 주의한다.

(2) 행동적인 측면

행동적 측면은 인격 중에 특히 행동으로 드러나기 쉬운 측면을 측정한다. 사람의 행동 특징 자체에는 선도 악도 없으나, 일반적으로는 일의 내용에 의해 원하는 행동이 있다. 때문에 행동적 측면은 주로 직종과 깊은 관계가 있는데 자신의 행동 특성을 살려 적합한 직종을 선택한다면 플러스가 될 수 있다.

행동 특성에서 보여 지는 특징은 면접장면에서도 드러나기 쉬운데 본서의 모의 TEST의 결과를 참고하여 자신의 태도, 행동이 면접관의 시선에 어떻게 비치는지를 점검하도록 한다.

① 사회적 내향성 … 대인관계에서 나타나는 행동경향으로 '낯가림'을 측정한다.

질문	선택
A : 파티에서는 사람을 소개받은 편이다. B : 파티에서는 사람을 소개하는 편이다.	
A : 처음 보는 사람과는 어색하게 시간을 보내는 편이다. B : 처음 보는 사람과는 즐거운 시간을 보내는 편이다.	
A : 친구가 적은 편이다. B : 친구가 많은 편이다.	
A : 자신의 의견을 말하는 경우가 적다. B : 자신의 의견을 말하는 경우가 많다.	
A : 사교적인 모임에 참석하는 것을 좋아하지 않는다. B : 사교적인 모임에 항상 참석한다.	

▶측정결과

㉠ 'A'가 많은 경우 : 내성적이고 사람들과 접하는 것에 소극적이다. 자신의 의견을 말하지 않고 조심스러운 편이다.
• 면접관의 심리 : '소극적인데 동료와 잘 지낼 수 있을까?'
• 면접대책 : 대인관계를 맺는 것을 싫어하지 않고 의욕적으로 일을 할 수 있다는 것을 보여준다.
㉡ 'B'가 많은 경우 : 사교적이고 자기의 생각을 명확하게 전달할 수 있다.
• 면접관의 심리 : '사교적이고 활동적인 것은 좋지만, 자기주장이 너무 강하지 않을까?'
• 면접대책 : 협조성을 보여주고, 자기주장이 너무 강하다는 인상을 주지 않도록 주의한다.

② 내성성(침착도) … 자신의 행동과 일에 대해 침착하게 생각하는 정도를 측정한다.

질문	선택
A : 시간이 걸려도 침착하게 생각하는 경우가 많다. B : 짧은 시간에 결정을 하는 경우가 많다.	
A : 실패의 원인을 찾고 반성하는 편이다. B : 실패를 해도 그다지(별로) 개의치 않는다.	
A : 결론이 도출되어도 몇 번 정도 생각을 바꾼다. B : 결론이 도출되면 신속하게 행동으로 옮긴다.	
A : 여러 가지 생각하는 것이 능숙하다. B : 여러 가지 일을 재빨리 능숙하게 처리하는 데 익숙하다.	
A : 여러 가지 측면에서 사물을 검토한다. B : 행동한 후 생각을 한다.	

▶측정결과
㉠ 'A'가 많은 경우 : 행동하기 보다는 생각하는 것을 좋아하고 신중하게 계획을 세워 실행한다.
• 면접관의 심리 : '행동으로 실천하지 못하고, 대응이 늦은 경향이 있지 않을까?'
• 면접대책 : 발로 뛰는 것을 좋아하고, 일을 더디게 한다는 인상을 주지 않도록 한다.
㉡ 'B'가 많은 경우 : 차분하게 생각하는 것보다 우선 행동하는 유형이다.
• 면접관의 심리 : '생각하는 것을 싫어하고 경솔한 행동을 하지 않을까?'
• 면접대책 : 계획을 세우고 행동할 수 있는 것을 보여주고 '사려깊다'라는 인상을 남기도록 한다.

③ 신체활동성 … 몸을 움직이는 것을 좋아하는가를 측정한다.

질문	선택
A : 민첩하게 활동하는 편이다. B : 준비행동이 없는 편이다.	
A : 일을 척척 해치우는 편이다. B : 일을 더디게 처리하는 편이다.	
A : 활발하다는 말을 듣는다. B : 얌전하다는 말을 듣는다.	
A : 몸을 움직이는 것을 좋아한다. B : 가만히 있는 것을 좋아한다.	
A : 스포츠를 하는 것을 즐긴다. B : 스포츠를 보는 것을 좋아한다.	

▶측정결과

㉠ 'A'가 많은 경우 : 활동적이고, 몸을 움직이게 하는 것이 컨디션이 좋다.

• 면접관의 심리 : '활동적으로 활동력이 좋아 보인다.'

• 면접대책 : 활동하고 얻은 성과 등과 주어진 상황의 대응능력을 보여준다.

㉡ 'B'가 많은 경우 : 침착한 인상으로, 차분하게 있는 타입이다.

• 면접관의 심리 : '좀처럼 행동하려 하지 않아 보이고, 일을 빠르게 처리할 수 있을까?'

④ **지속성(노력성)** … 무슨 일이든 포기하지 않고 끈기 있게 하려는 정도를 측정한다.

질문	선택
A : 일단 시작한 일은 시간이 걸려도 끝까지 마무리한다. B : 일을 하다 어려움에 부딪히면 단념한다.	
A : 끈질긴 편이다. B : 바로 단념하는 편이다.	
A : 인내가 강하다는 말을 듣는다. B : 금방 싫증을 낸다는 말을 듣는다.	
A : 집념이 깊은 편이다. B : 담백한 편이다.	
A : 한 가지 일에 구애되는 것이 좋다고 생각한다. B : 간단하게 체념하는 것이 좋다고 생각한다.	

▶측정결과

㉠ 'A'가 많은 경우 : 시작한 것은 어려움이 있어도 포기하지 않고 인내심이 높다.
• 면접관의 심리 : '한 가지의 일에 너무 구애되고, 업무의 진행이 원활할까?'
• 면접대책 : 인내력이 있는 것은 플러스 평가를 받을 수 있지만 집착이 강해 보이기도 한다.

㉡ 'B'가 많은 경우 : 뒤끝이 없고 조그만 실패로 일을 포기하기 쉽다.
• 면접관의 심리 : '질리는 경향이 있고, 일을 정확히 끝낼 수 있을까?'
• 면접대책 : 지속적인 노력으로 성공했던 사례를 준비하도록 한다.

⑤ 신중성(주의성) … 자신이 처한 주변상황을 즉시 파악하고 자신의 행동이 어떤 영향을 미치는지를 측정한다.

질문	선택
A : 여러 가지로 생각하면서 완벽하게 준비하는 편이다. B : 행동할 때부터 임기응변적인 대응을 하는 편이다.	
A : 신중해서 타이밍을 놓치는 편이다. B : 준비 부족으로 실패하는 편이다.	
A : 자신은 어떤 일에도 신중히 대응하는 편이다. B : 순간적인 충동으로 활동하는 편이다.	
A : 시험을 볼 때 끝날 때까지 재검토하는 편이다. B : 시험을 볼 때 한 번에 모든 것을 마치는 편이다.	
A : 일에 대해 계획표를 만들어 실행한다. B : 일에 대한 계획표 없이 진행한다.	

▶측정결과

㉠ 'A'가 많은 경우 : 주변 상황에 민감하고, 예측하여 계획 있게 일을 진행한다.
• 면접관의 심리 : '너무 신중해서 적절한 판단을 할 수 있을까?', '앞으로의 상황에 불안을 느끼지 않을까?'
• 면접대책 : 예측을 하고 실행을 하는 것은 플러스 평가가 되지만, 너무 신중하면 일의 진행이 정체될 가능성을 보이므로 추진력이 있다는 강한 의욕을 보여준다.

㉡ 'B'가 많은 경우 : 주변 상황을 살펴보지 않고 착실한 계획 없이 일을 진행시킨다.
• 면접관의 심리 : '사려 깊지 않고, 실패하는 일이 많지 않을까?', '판단이 빠르고 유연한 사고를 할 수 있을까?'
• 면접대책 : 사전준비를 중요하게 생각하고 있다는 것 등을 보여주고, 경솔한 인상을 주지 않도록 한다. 또한 판단력이 빠르거나 유연한 사고 덕분에 일 처리를 잘 할 수 있다는 것을 강조한다.

(3) 의욕적인 측면

의욕적인 측면은 의욕의 정도, 활동력의 유무 등을 측정한다. 여기서의 의욕이란 우리들이 보통 말하고 사용하는 '하려는 의지'와는 조금 뉘앙스가 다르다. '하려는 의지'란 그 때의 환경이나 기분에 따라 변화하는 것이지만, 여기에서는 조금 더 변화하기 어려운 특징, 말하자면 정신적 에너지의 양으로 측정하는 것이다.

의욕적 측면은 행동적 측면과는 다르고, 전반적으로 어느 정도 점수가 높은 쪽을 선호한다. 모의검사의 의욕적 측면의 결과가 낮다면, 평소 일에 몰두할 때 조금 의욕 있는 자세를 가지고 서서히 개선하도록 노력해야 한다.

① 달성의욕 … 목적의식을 가지고 높은 이상을 가지고 있는지를 측정한다.

질문	선택
A : 경쟁심이 강한 편이다. B : 경쟁심이 약한 편이다.	
A : 어떤 한 분야에서 제1인자가 되고 싶다고 생각한다. B : 어느 분야에서든 성실하게 임무를 진행하고 싶다고 생각한다.	
A : 규모가 큰일을 해보고 싶다. B : 맡은 일에 충실히 임하고 싶다.	
A : 아무리 노력해도 실패한 것은 아무런 도움이 되지 않는다. B : 가령 실패했을 지라도 나름대로의 노력이 있었으므로 괜찮다.	
A : 높은 목표를 설정하여 수행하는 것이 의욕적이다. B : 실현 가능한 정도의 목표를 설정하는 것이 의욕적이다.	

▶측정결과
㉠ 'A'가 많은 경우 : 큰 목표와 높은 이상을 가지고 승부욕이 강한 편이다.
• 면접관의 심리 : '열심히 일을 해줄 것 같은 유형이다.'
• 면접대책 : 달성의욕이 높다는 것은 어떤 직종이라도 플러스 평가가 된다.
㉡ 'B'가 많은 경우 : 현재의 생활을 소중하게 여기고 비약적인 발전을 위하여 기를 쓰지 않는다.
• 면접관의 심리 : '외부의 압력에 약하고, 기획입안 등을 하기 어려울 것이다.'
• 면접대책 : 일을 통하여 하고 싶은 것들을 구체적으로 어필한다.

② 활동의욕 … 자신에게 잠재된 에너지의 크기로, 정신적인 측면의 활동력이라 할 수 있다.

질문	선택
A : 하고 싶은 일을 실행으로 옮기는 편이다. B : 하고 싶은 일을 좀처럼 실행할 수 없는 편이다.	
A : 어려운 문제를 해결해 가는 것이 좋다. B : 어려운 문제를 해결하는 것을 잘하지 못한다.	
A : 일반적으로 결단이 빠른 편이다. B : 일반적으로 결단이 느린 편이다.	
A : 곤란한 상황에도 도전하는 편이다. B : 사물의 본질을 깊게 관찰하는 편이다.	
A : 시원시원하다는 말을 잘 듣는다. B : 꼼꼼하다는 말을 잘 듣는다.	

▶측정결과

㉠ 'A'가 많은 경우 : 꾸물거리는 것을 싫어하고 재빠르게 결단해서 행동하는 타입이다.
• 면접관의 심리 : '일을 처리하는 솜씨가 좋고, 일을 척척 진행할 수 있을 것 같다.'
• 면접대책 : 활동의욕이 높은 것은 플러스 평가가 된다. 사교성이나 활동성이 강하다는 인상을 준다.
㉡ 'B'가 많은 경우 : 안전하고 확실한 방법을 모색하고 차분하게 시간을 아껴서 일에 임하는 타입이다.
• 면접관의 심리 : '재빨리 행동을 못하고, 일의 처리속도가 느린 것이 아닐까?'
• 면접대책 : 활동성이 있는 것을 좋아하고 움직임이 더디다는 인상을 주지 않도록 한다.

3 성격의 유형

(1) 인성검사유형의 4가지 척도

정서적인 측면, 행동적인 측면, 의욕적인 측면의 요소들은 성격 특성이라는 관점에서 제시된 것들로 각 개인의 장·단점을 파악하는 데 유용하다. 그러나 전체적인 개인의 인성을 이해하는 데는 한계가 있다.

성격의 유형은 개인의 '성격적인 특색'을 가리키는 것으로, 사회인으로서 적합한지, 아닌지를 말하는 관점과는 관계가 없다. 따라서 채용의 합격 여부에는 사용되지 않는 경우가 많으며, 입사 후의 적정 부서 배치의 자료가 되는 편이라 생각하면 된다. 그러나 채용과 관계가 없다고 해서 아무런 준비도 필요없는 것은 아니다. 자신을 아는 것은 면접 대책의 밑거름이 되므로 모의검사 결과를 충분히 활용하도록 하여야 한다.

본서에서는 4개의 척도를 사용하여 기본적으로 16개의 패턴으로 성격의 유형을 분류하고 있다. 각 개인의 성격이 어떤 유형인지 재빨리 파악하기 위해 사용되며, '적성'에 맞는지, 맞지 않는지의 관점에 활용된다.

- 흥미·관심의 방향 : 내향형 ←——→ 외향형
- 사물에 대한 견해 : 직관형 ←——→ 감각형
- 판단하는 방법 : 감정형 ←——→ 사고형
- 환경에 대한 접근방법 : 지각형 ←——→ 판단형

(2) 성격유형

① 흥미·관심의 방향(내향⇆외향) … 흥미·관심의 방향이 자신의 내면에 있는지, 주위환경 등 외면에 향하는 지를 가리키는 척도이다.

질문	선택
A : 내성적인 성격인 편이다. B : 개방적인 성격인 편이다.	
A : 항상 신중하게 생각을 하는 편이다. B : 바로 행동에 착수하는 편이다.	
A : 수수하고 조심스러운 편이다. B : 자기 표현력이 강한 편이다.	
A : 다른 사람과 함께 있으면 침착하지 않다. B : 혼자서 있으면 침착하지 않다.	

▶측정결과

㉠ 'A'가 많은 경우(내향) : 관심의 방향이 자기 내면에 있으며, 조용하고 낯을 가리는 유형이다. 행동력은 부족하나 집중력이 뛰어나고 신중하고 꼼꼼하다.

㉡ 'B'가 많은 경우(외향) : 관심의 방향이 외부환경에 있으며, 사교적이고 활동적인 유형이다. 꼼꼼함이 부족하여 대충하는 경향이 있으나 행동력이 있다.

② 일(사물)을 보는 **방법**(직감⇆감각) … 일(사물)을 보는 법이 직감적으로 형식에 얽매이는지, 감각적으로 상식적인지를 가리키는 척도이다.

질문	선택
A : 현실주의적인 편이다. B : 상상력이 풍부한 편이다.	
A : 정형적인 방법으로 일을 처리하는 것을 좋아한다. B : 만들어진 방법에 변화가 있는 것을 좋아한다.	
A : 경험에서 가장 적합한 방법으로 선택한다. B : 지금까지 없었던 새로운 방법을 개척하는 것을 좋아한다.	
A : 호기심이 강하다는 말을 듣는다. B : 성실하다는 말을 듣는다.	

▶측정결과
㉠ 'A'가 많은 경우(감각) : 현실적이고 경험주의적이며 보수적인 유형이다.
㉡ 'B'가 많은 경우(직관) : 새로운 주제를 좋아하며, 독자적인 시각을 가진 유형이다.

③ 판단하는 **방법**(감정⇆사고) … 일을 감정적으로 판단하는지, 논리적으로 판단하는지를 가리키는 척도이다.

질문	선택
A : 인간관계를 중시하는 편이다. B : 일의 내용을 중시하는 편이다.	
A : 결론을 자기의 신념과 감정에서 이끌어내는 편이다. B : 결론을 논리적 사고에 의거하여 내리는 편이다.	
A : 다른 사람보다 동정적이고 눈물이 많은 편이다. B : 다른 사람보다 이성적이고 냉정하게 대응하는 편이다.	
A : 다른 사람보다 동정적이고 눈물이 많은 편이다. B : 다른 사람보다 이성적이고 냉정하게 대응하는 편이다.	

▶측정결과
㉠ 'A'가 많은 경우(감정) : 일을 판단할 때 마음·감정을 중요하게 여기는 유형이다. 감정이 풍부하고 친절하나 엄격함이 부족하고 우유부단하며, 합리성이 부족하다.
㉡ 'B'가 많은 경우(사고) : 일을 판단할 때 논리성을 중요하게 여기는 유형이다. 이성적이고 합리적이나 타인에 대한 배려가 부족하다.

④ 환경에 대한 접근방법 … 주변상황에 어떻게 접근하는지, 그 판단기준을 어디에 두는지를 측정한다.

질문	선택
A : 사전에 계획을 세우지 않고 행동한다. B : 반드시 계획을 세우고 그것에 의거해서 행동한다.	
A : 자유롭게 행동하는 것을 좋아한다. B : 조직적으로 행동하는 것을 좋아한다.	
A : 조직성이나 관습에 속박당하지 않는다. B : 조직성이나 관습을 중요하게 여긴다.	
A : 계획 없이 낭비가 심한 편이다. B : 예산을 세워 물건을 구입하는 편이다.	

▶측정결과
㉠ 'A'가 많은 경우(지각) : 일의 변화에 융통성을 가지고 유연하게 대응하는 유형이다. 낙관적이며 질서보다는 자유를 좋아하나 임기응변식의 대응으로 무계획적인 인상을 줄 수 있다.
㉡ 'B'가 많은 경우(판단) : 일의 진행시 계획을 세워서 실행하는 유형이다. 순차적으로 진행하는 일을 좋아하고 끈기가 있으나 변화에 대해 적절하게 대응하지 못하는 경향이 있다.

(3) 성격유형의 판정

성격유형은 합격 여부의 판정보다는 배치를 위한 자료로써 이용된다. 즉, 기업은 입사시험 단계에서 입사 후에도 사용할 수 있는 정보를 입수하고 있다는 것이다. 성격검사에서는 어느 척도가 얼마나 고득점이었는지에 주시하고 각각의 측면에서 반드시 하나씩 고르고 편성한다. 편성은 모두 16가지가 되나 각각의 측면을 더 세분하면 200가지 이상의 유형이 나온다.

여기에서는 16가지 편성을 제시한다. 성격검사에 어떤 정보가 게재되어 있는지를 이해하면서 자기의 성격유형을 파악하기 위한 실마리로 활용하도록 한다.

① 내향 – 직관 – 감정 – 지각(TYPE A)
관심이 내면에 향하고 조용하고 소극적이다. 사물에 대한 견해는 새로운 것에 대해 호기심이 강하고, 독창적이다. 감정은 좋아하는 것과 싫어하는 것의 판단이 확실하고, 감정이 풍부하고 따뜻한 느낌이 있는 반면, 합리성이 부족한 경향이 있다. 환경에 접근하는 방법은 순응적이고 상황의 변화에 대해 유연하게 대응하는 것을 잘한다.

② 내향 - 직관 - 감정 - 사고(TYPE B)

관심이 내면으로 향하고 조용하고 쑥쓰러움을 잘 타는 편이다. 사물을 보는 관점은 독창적
이며, 자기나름대로 궁리하며 생각하는 일이 많다. 좋고 싫음으로 판단하는 경향이 강하고
타인에게는 친절한 반면, 우유부단하기 쉬운 편이다. 환경 변화에 대해 유연하게 대응하는
것을 잘한다.

③ 내향 - 직관 - 사고 - 지각(TYPE C)

관심이 내면으로 향하고 얌전하고 교제범위가 좁다. 사물을 보는 관점은 독창적이며, 현실
에서 먼 추상적인 것을 생각하기를 좋아한다. 논리적으로 생각하고 판단하는 경향이 강하
고 이성적이지만, 남의 감정에 대해서는 무반응인 경향이 있다. 환경의 변화에 순응적이고
융통성 있게 임기응변으로 대응할 수가 있다.

④ 내향 - 직관 - 사고 - 판단(TYPE D)

관심이 내면으로 향하고 주의깊고 신중하게 행동을 한다. 사물을 보는 관점은 독창적이며
논리를 좋아해서 이치를 따지는 경향이 있다. 논리적으로 생각하고 판단하는 경향이 강하
고, 객관적이지만 상대방의 마음에 대한 배려가 부족한 경향이 있다. 환경에 대해서는 순
응하는 것보다 대응하며, 한 번 정한 것은 끈질기게 행동하려 한다.

⑤ 내향 - 감각 - 감정 - 지각(TYPE E)

관심이 내면으로 향하고 조용하며 소극적이다. 사물을 보는 관점은 상식적이고 그대로의
것을 좋아하는 경향이 있다. 좋음과 싫음으로 판단하는 경향이 강하고 타인에 대해서 동정
심이 많은 반면, 엄격한 면이 부족한 경향이 있다. 환경에 대해서는 순응적이고, 예측할
수 없다해도 태연하게 행동하는 경향이 있다.

⑥ 내향 - 감각 - 감정 - 판단(TYPE F)

관심이 내면으로 향하고 얌전하며 쑥쓰러움을 많이 탄다. 사물을 보는 관점은 상식적이고
논리적으로 생각하는 것보다도 경험을 중요시하는 경향이 있다. 좋고 싫음으로 판단하는 경
향이 강하고 사람이 좋은 반면, 개인적 취향이나 소원에 영향을 받는 일이 많은 경향이 있
다. 환경에 대해서는 영향을 받지 않고, 자기 페이스 대로 꾸준히 성취하는 일을 잘한다.

⑦ 내향 - 감각 - 사고 - 지각(TYPE G)

관심이 내면으로 향하고 얌전하고 교제범위가 좁다. 사물을 보는 관점은 상식적인 동시에
실천적이며, 틀에 박힌 형식을 좋아한다. 논리적으로 판단하는 경향이 강하고 침착하지만
사람에 대해서는 엄격하여 차가운 인상을 주는 일이 많다. 환경에 대해서 순응적이고, 계
획적으로 행동하지 않으며 자유로운 행동을 좋아하는 경향이 있다.

⑧ 내향 – 감각 – 사고 – 판단(TYPE H)

관심이 내면으로 향하고 주의 깊고 신중하게 행동을 한다. 사물을 보는 관점이 상식적이고 새롭고 경험하지 못한 일에 대응을 잘 하지 못한다. 논리적으로 생각하고 판단하는 경향이 강하고, 공평하지만 상대방의 감정에 대해 배려가 부족할 때가 있다. 환경에 대해서는 작용하는 편이고, 질서 있게 행동하는 것을 좋아한다.

⑨ 외향 – 직관 – 감정 – 지각(TYPE I)

관심이 외향으로 향하고 밝고 활동적이며 교제범위가 넓다. 사물을 보는 관점은 독창적이고 호기심이 강하며 새로운 것을 생각하는 것을 좋아한다. 좋음 싫음으로 판단하는 경향이 강하다. 사람은 좋은 반면 개인적 취향이나 소원에 영향을 받는 일이 많은 편이다.

⑩ 외향 – 직관 – 감정 – 판단(TYPE J)

관심이 외향으로 향하고 개방적이며 누구와도 쉽게 친해질 수 있다. 사물을 보는 관점은 독창적이고 자기 나름대로 궁리하고 생각하는 면이 많다. 좋음과 싫음으로 판단하는 경향이 강하고, 타인에 대해 동정적이기 쉽고 엄격함이 부족한 경향이 있다. 환경에 대해서는 작용하는 편이고 질서 있는 행동을 하는 것을 좋아한다.

⑪ 외향 – 직관 – 사고 – 지각(TYPE K)

관심이 외향으로 향하고 태도가 분명하며 활동적이다. 사물을 보는 관점은 독창적이고 현실과 거리가 있는 추상적인 것을 생각하는 것을 좋아한다. 논리적으로 생각하고 판단하는 경향이 강하고, 공평하지만 상대에 대한 배려가 부족할 때가 있다.

⑫ 외향 – 직관 – 사고 – 판단(TYPE L)

관심이 외향으로 향하고 밝고 명랑한 성격이며 사교적인 것을 좋아한다. 사물을 보는 관점은 독창적이고 논리적인 것을 좋아하기 때문에 이치를 따지는 경향이 있다. 논리적으로 생각하고 판단하는 경향이 강하고 침착성이 뛰어나지만 사람에 대해서 엄격하고 차가운 인상을 주는 경우가 많다. 환경에 대해 작용하는 편이고 계획을 세우고 착실하게 실행하는 것을 좋아한다.

⑬ 외향 – 감각 – 감정 – 지각(TYPE M)

관심이 외향으로 향하고 밝고 활동적이고 교제범위가 넓다. 사물을 보는 관점은 상식적이고 종래대로 있는 것을 좋아한다. 보수적인 경향이 있고 좋아함과 싫어함으로 판단하는 경향이 강하며 타인에게는 친절한 반면, 우유부단한 경우가 많다. 환경에 대해 순응적이고, 융통성이 있고 임기응변으로 대응할 가능성이 높다.

⑭ 외향 – 감각 – 감정 – 판단(TYPE N)

관심이 외향으로 향하고 개방적이며 누구와도 쉽게 대면할 수 있다. 사물을 보는 관점은 상식적이고 논리적으로 생각하기보다는 경험을 중시하는 편이다. 좋아함과 싫어함으로 판단하는 경향이 강하고 감정이 풍부하며 따뜻한 느낌이 있는 반면에 합리성이 부족한 경우가 많다. 환경에 대해서 작용하는 편이고, 한 번 결정한 것은 끈질기게 실행하려고 한다.

⑮ 외향 – 감각 – 사고 – 지각(TYPE O)

관심이 외향으로 향하고 시원한 태도이며 활동적이다. 사물을 보는 관점이 상식적이며 동시에 실천적이고 명백한 형식을 좋아하는 경향이 있다. 논리적으로 생각하고 판단하는 경향이 강하고, 객관적이지만 상대 마음에 대해 배려가 부족한 경향이 있다.

⑯ 외향 – 감각 – 사고 – 판단(TYPE P)

관심이 외향으로 향하고 밝고 명랑하며 사교적인 것을 좋아한다. 사물을 보는 관점은 상식적이고 경험하지 못한 새로운 것에 대응을 잘 하지 못한다. 논리적으로 생각하고 판단하는 경향이 강하고 이성적이지만 사람의 감정에 무심한 경향이 있다. 환경에 대해서는 작용하는 편이고, 자기 페이스대로 꾸준히 성취하는 것을 잘한다.

(1) 미리 알아두어야 할 점

① 출제 문항 수 … 인성검사의 출제 문항 수는 특별히 정해진 것이 아니며 각 기업체의 기준에 따라 달라질 수 있다. 보통 100문항 이상에서 500문항까지 출제된다고 예상하면 된다.

② 출제형식

㉠ '예' 아니면 '아니오'의 형식

다음 문항을 읽고 자신에게 해당되는지 안 되는지를 판단하여 해당될 경우 '예'를, 해당되지 않을 경우 '아니오'를 고르시오.

질문	예	아니오
1. 자신의 생각이나 의견은 좀처럼 변하지 않는다.	○	
2. 구입한 후 끝까지 읽지 않은 책이 많다.		○

다음 문항에 대해서 평소에 자신이 생각하고 있는 것이나 행동하고 있는 것에 ○표를 하시오.

질문	그렇다	약간 그렇다	그저 그렇다	별로 그렇지 않다	그렇지 않다
1. 시간에 쫓기는 것이 싫다.		○			
2. 여행가기 전에 계획을 세운다			○		

㉡ A와 B의 선택형식

A와 B에 주어진 문장을 읽고 자신에게 해당되는 것을 고르시오.

질문	선택
A : 걱정거리가 있어서 잠을 못 잘 때가 있다.	(○)
B : 걱정거리가 있어도 잠을 잘 잔다.	( )

(2) 임하는 자세

① 솔직하게 있는 그대로 표현한다 … 인성검사는 평범한 일상생활 내용들을 다룬 짧은 문장과 어떤 대상이나 일에 대한 선로를 선택하는 문장으로 구성되었으므로 평소에 자신이 생각한 바를 너무 골똘히 생각하지 말고 문제를 보는 순간 떠오른 것을 표현한다.

② 모든 문제를 신속하게 대답한다 … 인성검사는 시간 제한이 없는 것이 원칙이지만 기업체들은 일정한 시간 제한을 두고 있다. 인성검사는 개인의 성격과 자질을 알아보기 위한 검사이기 때문에 정답이 없다. 다만, 기업체에서 바람직하게 생각하거나 기대되는 결과가 있을 뿐이다. 따라서 시간에 쫓겨서 대충 대답을 하는 것은 바람직하지 못하다.

실전 인성검사

※ 인성검사는 응시자의 성향을 파악하기 위한 도구로 별도의 답안을 제공하지 않습니다.

❙1~400❙ 다음 (   ) 안에 당신에게 적합하다면 YES, 그렇지 않다면 NO를 선택하시오.

	YES	NO
1. 조금이라도 나쁜 소식은 절망의 시작이라고 생각해버린다.	( )	( )
2. 언제나 실패가 걱정이 되어 어쩔 줄 모른다.	( )	( )
3. 다수결의 의견에 따르는 편이다.	( )	( )
4. 혼자서 커피숍에 들어가는 것은 전혀 두려운 일이 아니다.	( )	( )
5. 승부근성이 강하다.	( )	( )
6. 자주 흥분해서 침착하지 못하다.	( )	( )
7. 지금까지 살면서 타인에게 폐를 끼친 적이 없다.	( )	( )
8. 소곤소곤 이야기하는 것을 보면 자기에 대해 험담하고 있는 것으로 생각된다.	( )	( )
9. 무엇이든지 자기가 나쁘다고 생각하는 편이다.	( )	( )
10. 자신을 변덕스러운 사람이라고 생각한다.	( )	( )
11. 고독을 즐기는 편이다.	( )	( )
12. 자존심이 강하다고 생각한다.	( )	( )
13. 금방 흥분하는 성격이다.	( )	( )
14. 거짓말을 한 적이 없다.	( )	( )
15. 신경질적인 편이다.	( )	( )
16. 끙끙대며 고민하는 타입이다.	( )	( )
17. 감정적인 사람이라고 생각한다.	( )	( )
18. 자신만의 신념을 가지고 있다.	( )	( )
19. 다른 사람을 바보 같다고 생각한 적이 있다.	( )	( )
20. 금방 말해버리는 편이다.	( )	( )
21. 싫어하는 사람이 없다.	( )	( )
22. 대재앙이 오지 않을까 항상 걱정을 한다.	( )	( )
23. 쓸데없는 고생을 사서 하는 일이 많다.	( )	( )
24. 자주 생각이 바뀌는 편이다.	( )	( )
25. 문제점을 해결하기 위해 여러 사람과 상의한다.	( )	( )

26. 내 방식대로 일을 한다. ·······························(）（ ）

27. 영화를 보고 운 적이 많다. ·························(）（ ）

28. 어떤 것에 대해서도 화낸 적이 없다. ············(）（ ）

29. 사소한 충고에도 걱정을 한다. ···················(）（ ）

30. 자신은 도움이 안되는 사람이라고 생각한다. ·····(）（ ）

31. 금방 싫증을 내는 편이다. ·························(）（ ）

32. 개성적인 사람이라고 생각한다. ··················(）（ ）

33. 자기 주장이 강한 편이다. ·························(）（ ）

34. 산만하다는 말을 들은 적이 있다. ···············(）（ ）

35. 학교를 쉬고 싶다고 생각한 적이 한 번도 없다. ·····(）（ ）

36. 사람들과 관계맺는 것을 보면 잘하지 못한다. ·····(）（ ）

37. 사려깊은 편이다. ·································(）（ ）

38. 몸을 움직이는 것을 좋아한다. ···················(）（ ）

39. 끈기가 있는 편이다. ······························(）（ ）

40. 신중한 편이라고 생각한다. ·······················(）（ ）

41. 인생의 목표는 큰 것이 좋다. ·····················(）（ ）

42. 어떤 일이라도 바로 시작하는 타입이다. ··········(）（ ）

43. 낯가림을 하는 편이다. ····························(）（ ）

44. 생각하고 나서 행동하는 편이다. ·················(）（ ）

45. 쉬는 날은 밖으로 나가는 경우가 많다. ···········(）（ ）

46. 시작한 일은 반드시 완성시킨다. ·················(）（ ）

47. 면밀한 계획을 세운 여행을 좋아한다. ············(）（ ）

48. 야망이 있는 편이라고 생각한다. ·················(）（ ）

49. 활동력이 있는 편이다. ····························(）（ ）

50. 많은 사람들과 왁자지껄하게 식사하는 것을 좋아하지 않는다. ·····(）（ ）

51. 돈을 허비한 적이 없다. ···························(）（ ）

52. 운동회를 아주 좋아하고 기대했다. ···············(）（ ）

53. 하나의 취미에 열중하는 타입이다. ···············(）（ ）

54. 모임에서 회장에 어울린다고 생각한다. ···········(）（ ）

55. 입신출세의 성공이야기를 좋아한다. ··············(）（ ）

56. 어떠한 일도 의욕을 가지고 임하는 편이다. ·····················( )( )

57. 학급에서는 존재가 희미했다. ·····················( )( )

58. 항상 무언가를 생각하고 있다. ·····················( )( )

59. 스포츠는 보는 것보다 하는 게 좋다. ·····················( )( )

60. '참 잘했네요'라는 말을 듣는다. ·····················( )( )

61. 흐린 날은 반드시 우산을 가지고 간다. ·····················( )( )

62. 주연상을 받을 수 있는 배우를 좋아한다. ·····················( )( )

63. 공격하는 타입이라고 생각한다. ·····················( )( )

64. 리드를 받는 편이다. ·····················( )( )

65. 너무 신중해서 기회를 놓친 적이 있다. ·····················( )( )

66. 시원시원하게 움직이는 타입이다. ·····················( )( )

67. 야근을 해서라도 업무를 끝낸다. ·····················( )( )

68. 누군가를 방문할 때는 반드시 사전에 확인한다. ·····················( )( )

69. 노력해도 결과가 따르지 않으면 의미가 없다. ·····················( )( )

70. 무조건 행동해야 한다. ·····················( )( )

71. 유행에 둔감하다고 생각한다. ·····················( )( )

72. 정해진 대로 움직이는 것은 시시하다. ·····················( )( )

73. 꿈을 계속 가지고 있고 싶다. ·····················( )( )

74. 질서보다 자유를 중요시하는 편이다. ·····················( )( )

75. 혼자서 취미에 몰두하는 것을 좋아한다. ·····················( )( )

76. 직관적으로 판단하는 편이다. ·····················( )( )

77. 영화나 드라마를 보면 등장인물의 감정에 이입된다. ·····················( )( )

78. 시대의 흐름에 역행해서라도 자신을 관철하고 싶다. ·····················( )( )

79. 다른 사람의 소문에 관심이 없다. ·····················( )( )

80. 창조적인 편이다. ·····················( )( )

81. 비교적 눈물이 많은 편이다. ·····················( )( )

82. 융통성이 있다고 생각한다. ·····················( )( )

83. 친구의 휴대전화 번호를 잘 모른다. ·····················( )( )

84. 스스로 고안하는 것을 좋아한다. ·····················( )( )

85. 정이 두터운 사람으로 남고 싶다. ·····················( )( )

86. 조직의 일원으로 별로 안 어울린다. ……………………………………( )( )

87. 세상의 일에 별로 관심이 없다. ………………………………………( )( )

88. 변화를 추구하는 편이다. ………………………………………………( )( )

89. 업무는 인간관계로 선택한다. …………………………………………( )( )

90. 환경이 변하는 것에 구애되지 않는다. ………………………………( )( )

91. 불안감이 강한 편이다. …………………………………………………( )( )

92. 인생은 살 가치가 없다고 생각한다. …………………………………( )( )

93. 의지가 약한 편이다. ……………………………………………………( )( )

94. 다른 사람이 하는 일에 별로 관심이 없다. …………………………( )( )

95. 사람을 설득시키는 것은 어렵지 않다. ………………………………( )( )

96. 심심한 것을 못 참는다. …………………………………………………( )( )

97. 다른 사람을 욕한 적이 한 번도 없다. ………………………………( )( )

98. 다른 사람에게 어떻게 보일지 신경을 쓴다. ………………………( )( )

99. 금방 낙심하는 편이다. …………………………………………………( )( )

100. 다른 사람에게 의존하는 경향이 있다. ………………………………( )( )

101. 그다지 융통성이 있는 편이 아니다. …………………………………( )( )

102. 다른 사람이 내 의견에 간섭하는 것이 싫다. ………………………( )( )

103. 낙천적인 편이다. ………………………………………………………( )( )

104. 숙제를 잊어버린 적이 한 번도 없다. ………………………………( )( )

105. 밤길에는 발소리가 들리기만 해도 불안하다. ………………………( )( )

106. 상냥하다는 말을 들은 적이 있다. ……………………………………( )( )

107. 자신은 유치한 사람이다. ………………………………………………( )( )

108. 잡담을 하는 것보다 책을 읽는 게 낫다. ……………………………( )( )

109. 나는 영업에 적합한 타입이라고 생각한다. …………………………( )( )

110. 술자리에서 술을 마시지 않아도 흥을 돋울 수 있다. ……………( )( )

111. 한 번도 병원에 간 적이 없다. …………………………………………( )( )

112. 나쁜 일은 걱정이 되어서 어쩔 줄을 모른다. ………………………( )( )

113. 금세 무기력해지는 편이다. ……………………………………………( )( )

114. 비교적 고분고분한 편이라고 생각한다. ……………………………( )( )

115. 독자적으로 행동하는 편이다. …………………………………………( )( )

116. 적극적으로 행동하는 편이다. ································( )( )

117. 금방 감격하는 편이다. ································( )( )

118. 어떤 것에 대해서는 불만을 가진 적이 없다. ································( )( )

119. 밤에 못 잘 때가 많다. ································( )( )

120. 자주 후회하는 편이다. ································( )( )

121. 뜨거워지기 쉽고 식기 쉽다. ································( )( )

122. 자신만의 세계를 가지고 있다. ································( )( )

123. 많은 사람 앞에서도 긴장하는 일은 없다. ································( )( )

124. 말하는 것을 아주 좋아한다. ································( )( )

125. 인생을 포기하는 마음을 가진 적이 한 번도 없다. ································( )( )

126. 어두운 성격이다. ································( )( )

127. 금방 반성한다. ································( )( )

128. 활동범위가 넓은 편이다. ································( )( )

129. 자신을 끈기 있는 사람이라고 생각한다. ································( )( )

130. 좋다고 생각하더라도 좀 더 검토하고 나서 실행한다. ································( )( )

131. 위대한 인물이 되고 싶다. ································( )( )

132. 한 번에 많은 일을 떠맡아도 힘들지 않다. ································( )( )

133. 사람과 만날 약속은 부담스럽다. ································( )( )

134. 질문을 받으면 충분히 생각하고 나서 대답하는 편이다. ································( )( )

135. 머리를 쓰는 것보다 땀을 흘리는 일이 좋다. ································( )( )

136. 결정한 것에는 철저히 구속받는다. ································( )( )

137. 외출 시 문을 잠갔는지 몇 번을 확인한다. ································( )( )

138. 이왕 할 거라면 일등이 되고 싶다. ································( )( )

139. 과감하게 도전하는 타입이다. ································( )( )

140. 자신은 사교적이 아니라고 생각한다. ································( )( )

141. 무심코 도리에 대해서 말하고 싶어진다. ································( )( )

142. '항상 건강하네요'라는 말을 듣는다. ································( )( )

143. 단념하면 끝이라고 생각한다. ································( )( )

144. 예상하지 못한 일은 하고 싶지 않다. ································( )( )

145. 파란만장하더라도 성공하는 인생을 걷고 싶다. ································( )( )

146. 활기찬 편이라고 생각한다. ···( )( )

147. 소극적인 편이라고 생각한다. ···( )( )

148. 무심코 평론가가 되어 버린다. ···( )( )

149. 자신은 성급하다고 생각한다. ···( )( )

150. 꾸준히 노력하는 타입이라고 생각한다. ·····································( )( )

151. 내일의 계획이라도 메모한다. ···( )( )

152. 리더십이 있는 사람이 되고 싶다. ···( )( )

153. 열정적인 사람이라고 생각한다. ···( )( )

154. 다른 사람 앞에서 이야기를 잘 하지 못한다. ·····························( )( )

155. 통찰력이 있는 편이다. ···( )( )

156. 엉덩이가 가벼운 편이다. ···( )( )

157. 여러 가지로 구애됨이 있다. ···( )( )

158. 돌다리도 두들겨 보고 건너는 쪽이 좋다. ·································( )( )

159. 자신에게는 권력욕이 있다. ···( )( )

160. 업무를 할당받으면 기쁘다. ···( )( )

161. 사색적인 사람이라고 생각한다. ···( )( )

162. 비교적 개혁적이다. ···( )( )

163. 좋고 싫음으로 정할 때가 많다. ···( )( )

164. 전통에 구애되는 것은 버리는 것이 적절하다. ·························( )( )

165. 교제 범위가 좁은 편이다. ···( )( )

166. 발상의 전환을 할 수 있는 타입이라고 생각한다. ·····················( )( )

167. 너무 주관적이어서 실패한다. ···( )( )

168. 현실적이고 실용적인 면을 추구한다. ···( )( )

169. 내가 어떤 배우의 팬인지 아무도 모른다. ·································( )( )

170. 현실보다 가능성이다. ···( )( )

171. 마음이 담겨 있으면 선물은 아무 것이나 좋다. ·······················( )( )

172. 여행은 마음대로 하는 것이 좋다. ···( )( )

173. 추상적인 일에 관심이 있는 편이다. ···( )( )

174. 일은 대담히 하는 편이다. ···( )( )

175. 괴로워하는 사람을 보면 우선 동정한다. ·································( )( )

176. 가치기준은 자신의 안에 있다고 생각한다. ┄┄┄┄┄┄┄┄┄┄┄┄┄┄( )( )

177. 조용하고 조심스러운 편이다. ┄┄┄┄┄┄┄┄┄┄┄┄┄┄┄┄( )( )

178. 상상력이 풍부한 편이라고 생각한다. ┄┄┄┄┄┄┄┄┄┄┄┄┄( )( )

179. 의리, 인정이 두터운 상사를 만나고 싶다. ┄┄┄┄┄┄┄┄┄┄( )( )

180. 인생의 앞날을 알 수 없어 재미있다. ┄┄┄┄┄┄┄┄┄┄┄┄( )( )

181. 밝은 성격이다. ┄┄┄┄┄┄┄┄┄┄┄┄┄┄┄┄┄┄┄┄┄( )( )

182. 별로 반성하지 않는다. ┄┄┄┄┄┄┄┄┄┄┄┄┄┄┄┄┄( )( )

183. 활동범위가 좁은 편이다. ┄┄┄┄┄┄┄┄┄┄┄┄┄┄┄┄( )( )

184. 자신을 시원시원한 사람이라고 생각한다. ┄┄┄┄┄┄┄┄┄( )( )

185. 좋다고 생각하면 바로 행동한다. ┄┄┄┄┄┄┄┄┄┄┄┄┄( )( )

186. 좋은 사람이 되고 싶다. ┄┄┄┄┄┄┄┄┄┄┄┄┄┄┄┄( )( )

187. 한 번에 많은 일을 떠맡는 것은 골칫거리라고 생각한다. ┄┄( )( )

188. 사람과 만날 약속은 즐겁다. ┄┄┄┄┄┄┄┄┄┄┄┄┄┄┄( )( )

189. 질문을 받으면 그때의 느낌으로 대답하는 편이다. ┄┄┄┄( )( )

190. 땀을 흘리는 것보다 머리를 쓰는 일이 좋다. ┄┄┄┄┄┄┄( )( )

191. 결정한 것이라도 그다지 구속받지 않는다. ┄┄┄┄┄┄┄┄( )( )

192. 외출 시 문을 잠갔는지 별로 확인하지 않는다. ┄┄┄┄┄┄( )( )

193. 지위에 어울리면 된다. ┄┄┄┄┄┄┄┄┄┄┄┄┄┄┄┄┄( )( )

194. 안전책을 고르는 타입이다. ┄┄┄┄┄┄┄┄┄┄┄┄┄┄┄( )( )

195. 자신은 사교적이라고 생각한다. ┄┄┄┄┄┄┄┄┄┄┄┄┄( )( )

196. 도리는 상관없다. ┄┄┄┄┄┄┄┄┄┄┄┄┄┄┄┄┄┄┄( )( )

197. '침착하네요'라는 말을 듣는다. ┄┄┄┄┄┄┄┄┄┄┄┄┄( )( )

198. 단념이 중요하다고 생각한다. ┄┄┄┄┄┄┄┄┄┄┄┄┄┄( )( )

199. 예상하지 못한 일도 해보고 싶다. ┄┄┄┄┄┄┄┄┄┄┄┄( )( )

200. 평범하고 평온하게 행복한 인생을 살고 싶다. ┄┄┄┄┄┄( )( )

201. 몹시 귀찮아하는 편이라고 생각한다. ┄┄┄┄┄┄┄┄┄┄( )( )

202. 특별히 소극적이라고 생각하지 않는다. ┄┄┄┄┄┄┄┄┄( )( )

203. 이것저것 평하는 것이 싫다. ┄┄┄┄┄┄┄┄┄┄┄┄┄┄( )( )

204. 자신은 성급하지 않다고 생각한다. ┄┄┄┄┄┄┄┄┄┄┄( )( )

205. 꾸준히 노력하는 것을 잘 하지 못한다. ┄┄┄┄┄┄┄┄┄( )( )

206. 내일의 계획은 머릿속에 기억한다. ……………………………………( )( )

207. 협동성이 있는 사람이 되고 싶다. ……………………………………( )( )

208. 열정적인 사람이라고 생각하지 않는다. ………………………………( )( )

209. 다른 사람 앞에서 이야기를 잘한다. …………………………………( )( )

210. 행동력이 있는 편이다. …………………………………………………( )( )

211. 엉덩이가 무거운 편이다. ………………………………………………( )( )

212. 특별히 구애받는 것이 없다. ……………………………………………( )( )

213. 돌다리는 두들겨 보지 않고 건너도 된다. ……………………………( )( )

214. 자신에게는 권력욕이 없다. ……………………………………………( )( )

215. 업무를 할당받으면 부담스럽다. ………………………………………( )( )

216. 활동적인 사람이라고 생각한다. ………………………………………( )( )

217. 비교적 보수적이다. ……………………………………………………( )( )

218. 손해인지 이익인지로 정할 때가 많다. …………………………………( )( )

219. 전통을 견실히 지키는 것이 적절하다. …………………………………( )( )

220. 교제 범위가 넓은 편이다. ………………………………………………( )( )

221. 상식적인 판단을 할 수 있는 타입이라고 생각한다. ……………………( )( )

222. 너무 객관적이어서 실패한다. …………………………………………( )( )

223. 보수적인 면을 추구한다. ………………………………………………( )( )

224. 내가 누구의 팬인지 주변의 사람들이 안다. ……………………………( )( )

225. 가능성보다 현실이다. …………………………………………………( )( )

226. 그 사람이 필요한 것을 선물하고 싶다. …………………………………( )( )

227. 여행은 계획적으로 하는 것이 좋다. ……………………………………( )( )

228. 구체적인 일에 관심이 있는 편이다. ……………………………………( )( )

229. 일은 착실히 하는 편이다. ………………………………………………( )( )

230. 괴로워하는 사람을 보면 우선 이유를 생각한다. ………………………( )( )

231. 가치기준은 자신의 밖에 있다고 생각한다. ……………………………( )( )

232. 밝고 개방적인 편이다. …………………………………………………( )( )

233. 현실 인식을 잘하는 편이라고 생각한다. ………………………………( )( )

234. 공평하고 공적인 상사를 만나고 싶다. …………………………………( )( )

235. 시시해도 계획적인 인생이 좋다. ………………………………………( )( )

236. 적극적으로 사람들과 관계를 맺는 편이다. ·····················( )( )

237. 활동적인 편이다. ·····················( )( )

238. 몸을 움직이는 것을 좋아하지 않는다. ·····················( )( )

239. 쉽게 질리는 편이다. ·····················( )( )

240. 경솔한 편이라고 생각한다. ·····················( )( )

241. 인생의 목표는 손이 닿을 정도면 된다. ·····················( )( )

242. 무슨 일도 좀처럼 시작하지 못한다. ·····················( )( )

243. 초면인 사람과도 바로 친해질 수 있다. ·····················( )( )

244. 행동하고 나서 생각하는 편이다. ·····················( )( )

245. 쉬는 날은 밖에 있는 경우가 많다. ·····················( )( )

246. 완성되기 전에 포기하는 경우가 많다. ·····················( )( )

247. 계획 없는 여행을 좋아한다. ·····················( )( )

248. 욕심이 없는 편이라고 생각한다. ·····················( )( )

249. 활동력이 별로 없다. ·····················( )( )

250. 많은 사람들과 왁자지껄하게 식사하는 것은 피곤하다. ·····················( )( )

251. 자주 우울하거나 슬프며 기운이 빠진다. ·····················( )( )

252. 미래에 대해 비관적이거나 자신감이 없다. ·····················( )( )

253. 현실적로 내 미래에는 희망이 별로 없다고 생각한다. ·····················( )( )

254. 한 사람의 인간으로서 실망스러운 사람이라고 생각한다. ·····················( )( )

255. 스스로에 대해 자부심이 들지 않는다. ·····················( )( )

256. 대부분의 시간이 만족스럽지 못하거나 지루하다. ·····················( )( )

257. 지금까지 인생을 살아온 방식이 마음에 들지 않다. ·····················( )( )

258. 기분이 나쁘거나 자신이 쓸모없게 느껴지는 경우가 많다. ·····················( )( )

259. 일이 현실적으로 잘못되면 스스로 자책하는 편이다. ·····················( )( )

260. 자해나 자살을 생각해본 일이 있다. ·····················( )( )

261. 차라리 죽었으면 좋겠다고 고민한 적이 있다. ·····················( )( )

262. 많이 운다. ·····················( )( )

263. 예전에 비해 더 쉽사리 짜증이 나거나 초조해진다. ·····················( )( )

264. 작은 일로 상한 감정이 다른 사람들에 대해 환멸로 발전하는 경우가 종종 있다.

·····················( )( )

YES　NO

265. 예전에 비해 혼자서 결정을 내리기가 더 힘들어졌다. ……………………(　)(　)

266. 더 이상 외모에 관심을 쏟지 않는다. …………………………………(　)(　)

267. 좋지 않은 기분이 일에도 영향을 미친다. ……………………………(　)(　)

268. 평소보다 아침에 1시간 이상 더 빨리 눈이 떠지지만 다시 잠들기는 힘들다. ··(　)(　)

269. 아무 이유 없이 피곤하다. ………………………………………………(　)(　)

270. 밥맛이 없다. ………………………………………………………………(　)(　)

271. 종종 폭식을 하는 습관이 있다. …………………………………………(　)(　)

272. 아침에 나쁘던 기분이 저녁이 되면 다소 좋아진다. …………………(　)(　)

273. 종전에는 쉽게 하던 집안일이나 직장일이 요즘은 힘들게 느껴진다. …………(　)(　)

274. 가까운 친척 중에 우울증 증세를 보였던 사람이 있다. ………………(　)(　)

275. 발생되지 않을 일을 미리 걱정한다. ……………………………………(　)(　)

276. 사람들의 대화에 집중을 잘 못하는 편이다. …………………………(　)(　)

277. 공공장소보다 폐쇄된 공간을 좋아한다. ………………………………(　)(　)

278. 작은 소음에도 잘 놀라며, 심장이 잘 두근거린다. ……………………(　)(　)

279. 공복감을 자주 느끼며 공허해지는 경우가 많다. ……………………(　)(　)

280. 실수에 대한 반복이 잦고, 일을 해결하는데 있어 시간이 오래 걸린다. ………(　)(　)

281. 가끔 어딘가 갇힌 것처럼 마음이 답답하고 복잡한 감정을 느낀다. …………(　)(　)

282. 잠을 자도 무기력해하고, 아침에 주로 피곤하다. ……………………(　)(　)

283. 문장을 몇 번씩 읽어보는 버릇, 이해가 될 때까지 해결하려는 성향이 강하다. (　)(　)

284. 혼자라는 생각이 들며 상황마다 불길한 느낌을 받는다. ……………(　)(　)

285. 갑자기 불같이 화를 내며, 감정의 폭이 들쑥날쑥한다. ………………(　)(　)

286. 스스로에 대해 오래 살 수 있을 것인가, 건강한가에 대한 질문을 한다. ………(　)(　)

287. 술을 마시면 전날 있었던 일을 기억하기 힘들다. ……………………(　)(　)

288. 쉴 틈 없이 바쁜 하루가 좋다. …………………………………………(　)(　)

289. 운동을 일주일에 5회이상 꾸준히 하고 있다. …………………………(　)(　)

290. 불쌍한 사람을 보면 주머니에 갖고 있는 돈을 다 줄 수 있다. ………(　)(　)

291. 어린이나 동물을 돌보는 것을 좋아한다. ………………………………(　)(　)

292. 악기를 연주하거나 음악 감상하는 것이 취미이다. ……………………(　)(　)

293. 별다른 취미가 없다. ………………………………………………………(　)(　)

294. 스마트폰을 하루 2시간이상 이용한다. …………………………………(　)(　)

295. 스마트폰에 설치된 어플이 30개이상이다. ···(　)(　)

296. 화장실에 갈 때도 스마트폰을 가져간다. ···(　)(　)

297. 밥을 먹다가도 스마트폰 알림소리가 나면 뛰어가서 확인한다. ·······················(　)(　)

298. 맛있는 음식이 있으면 멀리라도 찾아가서 사먹는다. ······································(　)(　)

299. 운동을 하는 것보다 가만히 책을 읽거나 쉬는 것을 좋아한다. ·······················(　)(　)

300. 언제 죽을지도 모른다는 불안감에 두렵다. ···(　)(　)

301. 갑자기 재난이나 재해가 발생하는 것은 아닌지 걱정을 한다. ·························(　)(　)

302. 쇼핑을 일주일에 1회 이상 한다. ···(　)(　)

303. 갖고 싶은 물건이 있으면 아르바이트를 해서라도 반드시 산다. ·····················(　)(　)

304. 최근에 육체적으로나 정신적으로 힘들다고 느낀적이 많다. ···························(　)(　)

305. 수면 중 자주 깬다. ··(　)(　)

306. 충분히 수면을 취해도 피곤하다. ··(　)(　)

307. 혼자 있을 때 편안함보다는 불안감을 느낀다. ···(　)(　)

308. 하는 일에 만족을 느끼지 못한다. ··(　)(　)

309. 술이나 담배, 커피가 늘어난다. ···(　)(　)

310. 약속을 자주 어긴다. ··(　)(　)

311. 최근들어 건망증이 심해진 것 같다. ···(　)(　)

312. 아침 기상 후 몸이 무겁다. ···(　)(　)

313. 부정적인 생각과 부정적인 말을 자주 한다. ···(　)(　)

314. 행동이 거칠어지고 난폭한 언어도 가리지 않고 한다. ···································(　)(　)

315. 같은 식사량임에도 불구하고 최근 갑작스러운 체중 증가 또는 감소 증상을 보인다.

··(　)(　)

316. 아무 일 없이 눈물이 자주난다. ···(　)(　)

317. 어떤일을 집중해서 오래하지못한다. ···(　)(　)

318. 앉아서도 손발을 가만두지 못하고 몸을 뒤튼다. ···(　)(　)

319. 외부자극에 의해 쉽게 주의가 산만해진다. ··(　)(　)

320. 게임이나 그룹상황에서 차례를 기다리지 못한다. ···(　)(　)

321. 질문이 끝나기도 전에 대답이 불쑥 튀어나오는 경우가 잦다. ·························(　)(　)

322. 다른사람의 지시에 따라 일을 끝마치기가 힘들다. ·······································(　)(　)

323. 해야 할 일이나 활동에 계속 집중하는데 어려움이 있다. ······························(　)(　)

324. 한가지 활동을 끝마치기 전에 다른 활동으로 자주 옮긴다. ··············( )( )

325. 특별히 좋아하는 놀이나 활동이 없다. ·····························( )( )

326. 자해를 하거나 다른 사람을 괴롭히며 좋아한다. ···················( )( )

327. 자주 다른 사람을 방해 또는 참견한다. ··························( )( )

328. 다른 사람이 나에게 뭐라고 하는지 듣지 않는 것 같다. ············( )( )

329. 필요한 물건들을 자주 잃어버린다. ····························( )( )

330. 변비가 있고 어지러워한다. ·································( )( )

331. 필요한 경우에도 계속 앉아 있기 힘들다. ·······················( )( )

332. 조용히 놀기 힘들다. ·····································( )( )

333. 갑자기 말을 하지 않고 있을 때가 있다. ·······················( )( )

334. 신경이 날카롭고 곤두서있거나 긴장되어있다. ···················( )( )

335. 어떤 생각을 떨쳐버리지 못하고 강박 증세를 보인다. ··············( )( )

336. 어른들과 항상 붙어있으려 하고 의존적이다. 교우관계가 좋지 않다. ···( )( )

337. 집으로 돌아오면 운동복 차림이다. ····························( )( )

338. 휴일은 무조건 편한 옷을 입고 있다. ··························( )( )

339. '귀찮아, 대충, 뭐, 어때'가 입버릇이다. ·······················( )( )

340. 술 취한 다음날, 정체 모를 물건이 방에 있다. ···················( )( )

341. 제모는 여름에만 해도 된다. ·································( )( )

341. 잊은 물건이 있으면 신발을 신은 채 까치발로 방에 가지러 간다. ······( )( )

342. 이메일 또는 문자메시지 답변은 짧고 늦게 보내는 편이다. ···········( )( )

343. 텔레비전을 향해 혼자 열을 낸 적이 있다. ······················( )( )

344. 집에 있는 냉장고에 변변한 먹을거리가 없다. ····················( )( )

345. 냄비에 직접 대고 라면을 먹는다. ····························( )( )

346. 방에 널어놓은 세탁물은 개기 전에 입어 버린다. ·················( )( )

347. 최근 두근두근 했던 일은 계단을 뛰어 올라갔던 것 정도이다. ·········( )( )

348. 1개월 이상 일이나 가족 이외의 사람과 10분 이상 말하지 않았다. ······( )( )

349. 솔직히 이걸 전부 체크하는 게 귀찮다. ························( )( )

350. 질문에 체크하면서도 그다지 신경 쓰지 않는 나 자신을 깨달았다. ······( )( )

351. 격투기가 왜 재미있는지 모르겠다. ····························( )( )

352. 회식에서 건배할 때 술이 아닌 음료수도 괜찮다. ·················( )( )

353. 고백을 받으면 일단 누군가에게 상담한다. ···( )( )

354. 소녀 취향의 만화가 싫지는 않다. ···( )( )

355. 이성 친구들과 잘 어울리지만, 연애로 발전하는 경우가 거의 없다. ··············( )( )

356. 편의점 신제품에 항상 관심을 가진다. ···( )( )

357. 일할 때 과자 등의 간식을 옆에 둔다. ···( )( )

358. 외출보다 집에 있는 것을 더 좋아한다. ···( )( )

359. 이성을 위해 돈을 쓰는 것보다 다양한 취미생활을 즐기며 산다. ··············( )( )

360. 기부를 할 때는 비공식적으로 무기명으로 하는 것을 선호한다. ··············( )( )

361. 손재주가 좋아서 손으로 무언가를 만드는 것을 즐긴다. ·························( )( )

362. 출퇴근 시간이 정확하고 일정한 직업을 선호한다. ·······························( )( )

363. 결과에 상관없이 정해진 기간 안에 일을 마치면 성취감을 느낀다. ···········( )( )

364. 나는 남을 설득하여 무언가를 하게 하는 것에 관심이 없다. ··················( )( )

365. 다른 사람에게 동기를 부여해주는 것은 좋은 일이라 생각하여 늘 시도하고 있다.
···( )( )

366. 휴일이 주어진다면 한적한 곳으로 놀러가서 혼자만의 시간을 만끽하고 싶다. ( )( )

367. 가전제품을 새로 사면 설명서를 꼼꼼하게 읽는다. ·······························( )( )

368. 장애인이나 자폐아를 돕는 봉사활동을 6개월 이상 한 경험이 있다. ·········( )( )

369. 모임에서 나는 나서기 보다는 다른 사람들의 말과 행동을 관찰하는 것을 좋아한다.
···( )( )

370. 솔직히 말하면 나에게 리더자리는 버겁고 현실적이지 못하다. ···············( )( )

371. 일과가 끝난 후 나는 다수의 사람들과 모임을 갖는 것을 좋아한다. ·········( )( )

372. 퇴근 후 학원을 다니며 혼자 있는 시간을 보내고 싶다. ·······················( )( )

373. 타임머신을 타고 2030년으로 갈 수 있다면 가장 먼저 하고 싶은 것은 돈을 벌 수 있는 투자처의
확인이다. ··( )( )

374. 연애소설 보다는 추리소설이 더 흥미있다. ···( )( )

375. 책을 읽을 때 특히 한 장르에 집중하여 읽는 편이다. ··························( )( )

376. 여러 종류의 지식을 두루두루 얕게 아는 것이 다른 것을 아무것도 모르는 것보다 낫다고
생각한다. ··( )( )

377. 내 방청소를 어머니가 대신 해줬을 때 나의 기분은 몹시 불쾌하다. ·········( )( )

378. 내 방의 물건을 가족이 마음대로 써도 괜찮다. ···································( )( )

379. 현실적이고 구체적인 상상을 하는 것보다는 두서없는 공상을 하는 것을 좋아한다.
....( )( )

380. 만일 1년 전의 시간으로 돌아간다면 세계일주를 할 것이다. ....( )( )

381. 만일 1년 전의 시간으로 돌아간다면 공부나 취업준비를 할 것이다. ....( )( )

382. 나는 제조와 사물의 조작에 무궁무진한 흥미를 갖고 있다. ....( )( )

383. 나는 밤시간에 가장 마음이 편안하다. ....( )( )

384. 나는 아침시간이 가장 마음이 편하고 좋다. ....( )( )

385. 밤늦은 시간에 활기가 생긴다. ....( )( )

386. 아침 시간에는 머리가 멍하고 기운이 없다. ....( )( )

387. 잠자리에 들기 전에 오늘 하루도 괜찮았다고 생각하며 잠이 든다. ....( )( )

388. 잠자리에 들기 전에 하루 중 아쉬웠던 부분 후회하는 부분이 떠오른다. ....( )( )

389. 일을 할 때 다른 사람이 간섭하는 것이 몹시 언짢다. ....( )( )

390. 주체적으로 혼자 일을 기획하는 것이 스트레스가 없어서 좋다. ....( )( )

391. 모르는 사람과 만나서 웃고 떠드는 것이 솔직히 부담스럽다. ....( )( )

392. 오늘의 운세나 역술인의 말에 신경을 쓰는 편이다. ....( )( )

393. 신문을 펴면 가장 먼저 날씨를 확인한다. ....( )( )

394. 한 겨울에는 밖에 있는 것보다 실내에 있는 것이 낫다. ....( )( )

395. 건강에 무리를 주면서 까지 무언가를 열심히 한 적이 있다. ....( )( )

396. 한 직장을 평생 다니는 것은 현실적으로 불가능하다. ....( )( )

397. 가전제품이 고장나면 무조건 서비스 센터에 가져간다. ....( )( )

398. 가전제품이 고장나면 혹시 고쳐볼 수 있지 않을까 하는 생각에 뜯어본다. .....( )( )

399. 휴가는 반드시 며칠 동안 멀리 나가야 한다. ....( )( )

400. 휴가 기간엔 집에서 조용히 쉬는 것이 편하다. ....( )( )

PART

IV

면접

01 면접의 기본

1 면접준비

(1) 면접의 기본 원칙

① **면접의 의미** … 면접이란 다양한 면접기법을 활용하여 지원한 직무에 필요한 능력을 지원자가 보유하고 있는지를 확인하는 절차라고 할 수 있다. 즉, 지원자의 입장에서는 채용 직무수행에 필요한 요건들과 관련하여 자신의 환경, 경험, 관심사, 성취 등에 대해 기업에 직접 어필할 수 있는 기회를 제공받는 것이며, 기업의 입장에서는 서류전형만으로 알수 없는 지원자에 대한 정보를 직접적으로 수집하고 평가하는 것이다.

② **면접의 특징** … 면접은 기업의 입장에서 서류전형이나 필기전형에서 드러나지 않는 지원자의 능력이나 성향을 볼 수 있는 기회로, 면대면으로 이루어지며 즉흥적인 질문들이 포함될 수 있기 때문에 지원자가 완벽하게 준비하기 어려운 부분이 있다. 하지만 지원자 입장에서도 서류전형이나 필기전형에서 모두 보여주지 못한 자신의 능력 등을 기업의 인사담당자에게 어필할 수 있는 추가적인 기회가 될 수도 있다.

[서류 · 필기전형과 차별화되는 면접의 특징]

- 직무수행과 관련된 다양한 지원자 행동에 대한 관찰이 가능하다.
- 면접관이 알고자 하는 정보를 심층적으로 파악할 수 있다.
- 서류상의 미비한 사항과 의심스러운 부분을 확인할 수 있다.
- 커뮤니케이션 능력, 대인관계 능력 등 행동 · 언어적 정보도 얻을 수 있다.

③ **면접의 유형**

⊙ **구조화 면접** : 구조화 면접은 사전에 계획을 세워 질문의 내용과 방법, 지원자의 답변 유형에 따른 추가 질문과 그에 대한 평가 역량이 정해져 있는 면접 방식으로 표준화 면접이라고도 한다.

- 표준화된 질문이나 평가요소가 면접 전 확정되며, 지원자는 편성된 조나 면접관에 영향을 받지 않고 동일한 질문과 시간을 부여받을 수 있다.

- 조직 또는 직무별로 주요하게 도출된 역량을 기반으로 평가요소가 구성되어, 조직 또는 직무에서 필요한 역량을 가진 지원자를 선발할 수 있다.
- 표준화된 형식을 사용하는 특성 때문에 비구조화 면접에 비해 신뢰성과 타당성, 객관성이 높다.

ⓛ 비구조화 면접 : 비구조화 면접은 면접 계획을 세울 때 면접 목적만을 명시하고 내용이나 방법은 면접관에게 전적으로 일임하는 방식으로 비표준화 면접이라고도 한다.
- 표준화된 질문이나 평가요소 없이 면접이 진행되며, 편성된 조나 면접관에 따라 지원자에게 주어지는 질문이나 시간이 다르다.
- 면접관의 주관적인 판단에 따라 평가가 이루어져 평가 오류가 빈번히 일어난다.
- 상황 대처나 언변이 뛰어난 지원자에게 유리한 면접이 될 수 있다.

④ 경쟁력 있는 면접 요령

㉠ 면접 전에 준비하고 유념할 사항
- 예상 질문과 답변을 미리 작성한다.
- 작성한 내용을 문장으로 외우지 않고 키워드로 기억한다.
- 지원한 회사의 최근 기사를 검색하여 기억한다.
- 지원한 회사가 속한 산업군의 최근 기사를 검색하여 기억한다.
- 면접 전 1주일간 이슈가 되는 뉴스를 기억하고 자신의 생각을 반영하여 정리한다.
- 찬반토론에 대비한 주제를 목록으로 정리하여 자신의 논리를 내세운 예상답변을 작성한다.

㉡ 면접장에서 유념할 사항
- 질문의 의도 파악 : 답변을 할 때에는 질문 의도를 파악하고 그에 충실한 답변이 될 수 있도록 질문사항을 유념해야 한다. 많은 지원자가 하는 실수 중 하나로 답변을 하는 도중 자기 말에 심취되어 질문의 의도와 다른 답변을 하거나 자신이 알고 있는 지식만을 나열하는 경우가 있는데, 이럴 경우 의사소통능력이 부족한 사람으로 인식될 수 있으므로 주의하도록 한다.
- 답변은 두괄식 : 답변을 할 때에는 두괄식으로 결론을 먼저 말하고 그 이유를 설명하는 것이 좋다. 미괄식으로 답변을 할 경우 용두사미의 답변이 될 가능성이 높으며, 결론을 이끌어 내는 과정에서 논리성이 결여될 우려가 있다. 또한 면접관이 결론을 듣기 전에 말을 끊고 다른 질문을 추가하는 예상치 못한 상황이 발생될 수 있으므로 답변은 자신이 전달하고자 하는 바를 먼저 밝히고 그에 대한 설명을 하는 것이 좋다.

- 지원한 회사의 기업정신과 인재상을 기억 : 답변을 할 때에는 회사가 원하는 인재라는 인상을 심어주기 위해 지원한 회사의 기업정신과 인재상 등을 염두에 두고 답변을 하는 것이 좋다. 모든 회사에 해당되는 두루뭉술한 답변보다는 지원한 회사에 맞는 맞춤형 답변을 하는 것이 좋다.
- 나보다는 회사와 사회적 관점에서 답변 : 답변을 할 때에는 자기중심적인 관점을 피하고 좀 더 넓은 시각으로 회사와 국가, 사회적 입장까지 고려하는 인재임을 어필하는 것이 좋다. 자기중심적 시각을 바탕으로 자신의 출세만을 위해 회사에 입사하려는 인상을 심어줄 경우 면접에서 불이익을 받을 가능성이 높다.
- 난처한 질문은 정직한 답변 : 난처한 질문에 답변을 해야 할 때에는 피하기보다는 정면 돌파로 정직하고 솔직하게 답변하는 것이 좋다. 난처한 부분을 감추고 드러내지 않으려 회피하려는 지원자의 모습은 인사담당자에게 입사 후에도 비슷한 상황에 처했을 때 회피할 수도 있다는 우려를 심어줄 수 있다. 따라서 직장생활에 있어 중요한 덕목 중 하나인 정직을 바탕으로 솔직하게 답변을 하도록 한다.

(2) 면접의 종류 및 준비 전략

① 인성면접

ㄱ 면접 방식 및 판단기준
- 면접 방식 : 인성면접은 면접관이 가지고 있는 개인적 면접 노하우나 관심사에 의해 질문을 실시한다. 주로 입사지원서나 자기소개서의 내용을 토대로 지원동기, 과거의 경험, 미래 포부 등을 이야기하도록 하는 방식이다.
- 판단기준 : 면접관의 개인적 가치관과 경험, 해당 역량의 수준, 경험의 구체성·진실성 등

ㄴ 특징 : 인성면접은 그 방식으로 인해 역량과 무관한 질문들이 많고 지원자에게 주어지는 면접질문, 시간 등이 다를 수 있다. 또한 입사지원서나 자기소개서의 내용을 토대로 하기 때문에 지원자별 질문이 달라질 수 있다.

ⓒ 예시 문항 및 준비전략

• 예시 문항

> • 3분 동안 자기소개를 해 보십시오.
> • 자신의 장점과 단점을 말해 보십시오.
> • 학점이 좋지 않은데 그 이유가 무엇입니까?
> • 최근에 인상 깊게 읽은 책은 무엇입니까?
> • 회사를 선택할 때 중요시하는 것은 무엇입니까?
> • 일과 개인생활 중 어느 쪽을 중시합니까?
> • 10년 후 자신은 어떤 모습일 것이라고 생각합니까?
> • 휴학 기간 동안에는 무엇을 했습니까?

• 준비전략 : 인성면접은 입사지원서나 자기소개서의 내용을 바탕으로 하는 경우가 많으므로 자신이 작성한 입사지원서와 자기소개서의 내용을 충분히 숙지하도록 한다. 또한 최근 사회적으로 이슈가 되고 있는 뉴스에 대한 견해를 묻거나 시사상식 등에 대한 질문을 받을 수 있으므로 이에 대한 대비도 필요하다. 자칫 부담스러워 보이지 않는 질문으로 가볍게 대답하지 않도록 주의하고 모든 질문에 입사 의지를 담아 성실하게 답변하는 것이 중요하다.

② 발표면접

㉠ 면접 방식 및 판단기준

• 면접 방식 : 지원자가 특정 주제와 관련된 자료를 검토하고 그에 대한 자신의 생각을 면접관 앞에서 주어진 시간 동안 발표하고 추가 질의를 받는 방식으로 진행된다.

• 판단기준 : 지원자의 사고력, 논리력, 문제해결력 등

㉡ 특징 : 발표면접은 지원자에게 과제를 부여한 후, 과제를 수행하는 과정과 결과를 관찰·평가한다. 따라서 과제수행 결과뿐 아니라 수행과정에서의 행동을 모두 평가할 수 있다.

ⓒ 예시 문항 및 준비전략

• 예시 문항

[신입사원 조기 이직 문제]

※ 지원자는 아래에 제시된 자료를 검토한 뒤, 신입사원 조기 이직의 원인을 크게 3가지로 정리하고 이에 대한 구체적인 개선안을 도출하여 발표해 주시기 바랍니다.

※ 본 과제에 정해진 정답은 없으나 논리적 근거를 들어 개선안을 작성해 주십시오.

• A기업은 동종업계 유사기업들과 비교해 볼 때, 비교적 높은 재무안정성을 유지하고 있으며 업무강도가 그리 높지 않은 것으로 외부에 알려져 있음.
• 최근 조사결과, 동종업계 유사기업들과 연봉을 비교해 보았을 때 연봉 수준도 그리 나쁘지 않은 편이라는 것이 확인되었음.
• 그러나 지난 3년간 1~2년차 직원들의 이직률이 계속해서 증가하고 있는 추세이며, 경영진 회의에서 최우선 해결과제 중 하나로 거론되었음.
• 이에 따라 인사팀에서 현재 1~2년차 사원들을 대상으로 개선되어야 하는 A기업의 조직문화에 대한 설문조사를 실시한 결과, '상명하복식의 의사소통'이 36.7%로 1위를 차지했음.
• 이러한 설문조사와 함께, 신입사원 조기 이직에 대한 원인을 분석한 결과 파랑새 증후군, 셀프홀릭 증후군, 피터팬 증후군 등 3가지로 분류할 수 있었음.

〈동종업계 유사기업들과의 연봉 비교〉   〈우리 회사 조직문화 중 개선되었으면 하는 것〉

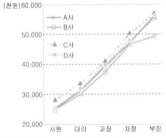
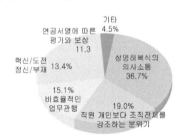

〈신입사원 조기 이직의 원인〉

• 파랑새 증후군
 -현재의 직장보다 더 좋은 직장이 있을 것이라는 막연한 기대감으로 끊임없이 새로운 직장을 탐색함.
 -학력 수준과 맞지 않는 '하향지원', 전공과 적성을 고려하지 않고 일단 취업하고 보자는 '묻지마 지원'이 파랑새 증후군을 초래함.
• 셀프홀릭 증후군
 -본인의 역량에 비해 가치가 낮은 일을 주로 하면서 갈등을 느낌.
• 피터팬 증후군
 -기성세대의 문화를 무조건 수용하기보다는 자유로움과 변화를 추구함.
 -상명하복, 엄격한 규율 등 기성세대가 당연시하는 관행에 거부감을 가지며 직장에 답답함을 느낌.

- 준비전략 : 발표면접의 시작은 과제 안내문과 과제 상황, 과제 자료 등을 정확하게 이해하는 것에서 출발한다. 과제 안내문을 침착하게 읽고 제시된 주제 및 문제와 관련된 상황의 맥락을 파악한 후 과제를 검토한다. 제시된 기사나 그래프 등을 충분히 활용하여 주어진 문제를 해결할 수 있는 해결책이나 대안을 제시하며, 발표를 할 때에는 명확하고 자신 있는 태도로 전달할 수 있도록 한다.

③ 토론면접

㉠ 면접 방식 및 판단기준

- 면접 방식 : 상호갈등적 요소를 가진 과제 또는 공통의 과제를 해결하는 내용의 토론 과제를 제시하고, 그 과정에서 개인 간의 상호작용 행동을 관찰하는 방식으로 면접이 진행된다.
- 판단기준 : 팀워크, 적극성, 갈등 조정, 의사소통능력, 문제해결능력 등

㉡ 특징 : 토론을 통해 도출해 낸 최종안의 타당성도 중요하지만, 결론을 도출해 내는 과정에서의 의사소통능력이나 갈등상황에서 의견을 조정하는 능력 등이 중요하게 평가되는 특징이 있다.

㉢ 예시 문항 및 준비전략

- 예시 문항

  - 군 가산점제 부활에 대한 찬반토론
  - 담뱃값 인상에 대한 찬반토론
  - 비정규직 철폐에 대한 찬반토론
  - 대학의 영어 강의 확대 찬반토론
  - 워크숍 장소 선정을 위한 토론

- 준비전략 : 토론면접은 무엇보다 팀워크와 적극성이 강조된다. 따라서 토론과정에 적극적으로 참여하며 자신의 의사를 분명하게 전달하며, 갈등상황에서 자신의 의견만 내세울 것이 아니라 다른 지원자의 의견을 경청하고 배려하는 모습도 중요하다. 갈등상황을 일목요연하게 정리하여 조정하는 등의 의사소통능력을 발휘하는 것도 좋은 전략이 될 수 있다.

④ 상황면접

㉠ 면접 방식 및 판단기준

- 면접 방식 : 상황면접은 직무 수행 시 접할 수 있는 상황들을 제시하고, 그러한 상황에서 어떻게 행동할 것인지를 이야기하는 방식으로 진행된다.
- 판단기준 : 해당 상황에 적절한 역량의 구현과 구체적 행동지표

ⓛ 특징 : 실제 직무 수행 시 접할 수 있는 상황들을 제시하므로 입사 이후 지원자의 업무수행능력을 평가하는 데 적절한 면접 방식이다. 또한 지원자의 가치관, 태도, 사고 방식 등의 요소를 통합적으로 평가하는 데 용이하다.

ⓒ 예시 문항 및 준비전략

- 예시 문항

> 당신은 생산관리팀의 팀원으로, 생산팀이 기한에 맞춰 효율적으로 제품을 생산할 수 있도록 관리하는 역할을 맡고 있습니다. 3개월 뒤에 제품A를 정상적으로 출시하기 위해 생산팀의 생산 계획을 수립한 상황입니다. 그러나 원가가 곧 실적으로 이어지는 구매팀에서는 최대한 원가를 줄여 전반적 단가를 낮추려고 원가절감을 위한 제안을 하였으나, 연구개발팀에서는 구매팀이 제안한 방식으로 제품을 생산할 경우 대부분이 구매팀의 실적으로 산정될 것이므로 제대로 확인도 해보지 않은 채 적합하지 않은 방식이라고 판단하고 있습니다. 당신은 어떻게 하겠습니까?

- 준비전략 : 상황면접은 먼저 주어진 상황에서 핵심이 되는 문제가 무엇인지를 파악하는 것에서 시작한다. 주질문과 세부질문을 통하여 질문의 의도를 파악하였다면, 그에 대한 구체적인 행동이나 생각 등에 대해 응답할수록 높은 점수를 얻을 수 있다.

⑤ 역할면접

㉠ 면접 방식 및 판단기준

- 면접 방식 : 역할면접 또는 역할연기 면접은 기업 내 발생 가능한 상황에서 부딪히게 되는 문제와 역할을 가상적으로 설정하여 특정 역할을 맡은 사람과 상호작용하고 문제를 해결해 나가도록 하는 방식으로 진행된다. 역할연기 면접에서는 면접관이 직접 역할연기를 하면서 지원자를 관찰하기도 하지만, 역할연기 수행만 전문적으로 하는 사람을 투입할 수도 있다.
- 판단기준 : 대처능력, 대인관계능력, 의사소통능력 등

㉡ 특징 : 역할면접은 실제 상황과 유사한 가상 상황에서의 행동을 관찰함으로서 지원자의 성격이나 대처 행동 등을 관찰할 수 있다.

㉢ 예시 문항 및 준비전략

- 예시 문항

> [금융권 역할면접의 예]
> 당신은 ○○은행의 신입 텔러이다. 사람이 많은 월말 오전 한 할아버지(면접관 또는 역할담당자)께서 ○○은행을 사칭한 보이스피싱으로 500만 원을 피해 보았다며 소란을 일으키고 있다. 실제 업무상황이라고 생각하고 상황에 대처해 보시오.

- 준비전략 : 역할연기 면접에서 측정하는 역량은 주로 갈등의 원인이 되는 문제를 해결하고 제시된 해결방안을 상대방에게 설득하는 것이다. 따라서 갈등해결, 문제해결, 조정 · 통합, 설득력과 같은 역량이 중요시된다. 또한 갈등을 해결하기 위해서 상대방에 대한 이해도 필수적인 요소이므로 고객 지향을 염두에 두고 상황에 맞게 대처해야 한다. 역할면접에서는 변별력을 높이기 위해 면접관이 압박적인 분위기를 조성하는 경우가 많기 때문에 스트레스 상황에서 불안해하지 않고 유연하게 대처할 수 있도록 시간과 노력을 들여 충분히 연습하는 것이 좋다.

2 면접 이미지 메이킹

(1) 성공적인 이미지 메이킹 포인트

① 복장 및 스타일

　㉠ 남성

- 양복 : 양복은 단색으로 하며 넥타이나 셔츠로 포인트를 주는 것이 효과적이다. 짙은 회색이나 감청색이 가장 단정하고 품위 있는 인상을 준다.
- 셔츠 : 흰색이 가장 선호되나 자신의 피부색에 맞추는 것이 좋다. 푸른색이나 베이지색은 산뜻한 느낌을 줄 수 있다. 양복과의 배색도 고려하도록 한다.
- 넥타이 : 의상에 포인트를 줄 수 있는 아이템이지만 너무 화려한 것은 피한다. 지원자의 피부색은 물론, 정장과 셔츠의 색을 고려하며, 체격에 따라 넥타이 폭을 조절하는 것이 좋다.
- 구두 & 양말 : 구두는 검정색이나 짙은 갈색이 어느 양복에나 무난하게 어울리며 깔끔하게 닦아 준비한다. 양말은 정장과 동일한 색상이나 검정색을 착용한다.
- 헤어스타일 : 머리스타일은 단정한 느낌을 주는 짧은 헤어스타일이 좋으며 앞머리가 있다면 이마나 눈썹을 가리지 않는 선에서 정리하는 것이 좋다.

ⓛ 여성

> - 의상 : 단정한 스커트 투피스 정장이나 슬랙스 슈트가 무난하다. 블랙이나 그레이, 네이비, 브라운 등 차분해 보이는 색상을 선택하는 것이 좋다.
> - 소품 : 구두, 핸드백 등은 같은 계열로 코디하는 것이 좋으며 구두는 너무 화려한 디자인이나 굽이 높은 것을 피한다. 스타킹은 의상과 구두에 맞춰 단정한 것으로 선택한다.
> - 액세서리 : 액세서리는 너무 크거나 화려한 것은 좋지 않으며 과하게 많이 하는 것도 좋은 인상을 주지 못한다. 착용하지 않거나 작고 깔끔한 디자인으로 포인트를 주는 정도가 적당하다.
> - 메이크업 : 화장은 자연스럽고 밝은 이미지를 표현하는 것이 좋으며 진한 색조는 인상이 강해 보일 수 있으므로 피한다.
> - 헤어스타일 : 커트나 단발처럼 짧은 머리는 활동적이면서도 단정한 이미지를 줄 수 있도록 정리한다. 긴 머리의 경우 하나로 묶거나 단정한 머리망으로 정리하는 것이 좋으며, 짙은 염색이나 화려한 웨이브는 피한다.

② 인사

㉠ 인사의 의미 : 인사는 예의범절의 기본이며 상대방의 마음을 여는 기본적인 행동이라고 할 수 있다. 인사는 처음 만나는 면접관에게 호감을 살 수 있는 가장 쉬운 방법이 될 수 있기도 하지만 제대로 예의를 지키지 않으면 지원자의 인성 전반에 대한 평가로 이어질 수 있으므로 각별히 주의해야 한다.

㉡ 인사의 핵심 포인트
- 인사말 : 인사말을 할 때에는 밝고 친근감 있는 목소리로 하며, 자신의 이름과 수험번호 등을 간략하게 소개한다.
- 시선 : 인사는 상대방의 눈을 보며 하는 것이 중요하며 너무 빤히 쳐다본다는 느낌이 들지 않도록 주의한다.
- 표정 : 인사는 마음에서 우러나오는 존경이나 반가움을 표현하고 예의를 차리는 것이므로 살짝 미소를 지으며 하는 것이 좋다.
- 자세 : 인사를 할 때에는 가볍게 목만 숙인다거나 흐트러진 상태에서 인사를 하지 않도록 주의하며 절도 있고 확실하게 하는 것이 좋다.

③ 시선처리와 표정, 목소리

　㉠ 시선처리와 표정 : 표정은 면접에서 지원자의 첫인상을 결정하는 중요한 요소이다. 얼굴표정은 사람의 감정을 가장 잘 표현할 수 있는 의사소통 도구로 표정 하나로 상대방에게 호감을 주거나, 비호감을 사기도 한다. 호감이 가는 인상의 특징은 부드러운 눈썹, 자연스러운 미간, 적당히 볼록한 광대, 올라간 입 꼬리 등으로 가볍게 미소를 지을 때의 표정과 일치한다. 따라서 면접 중에는 밝은 표정으로 미소를 지어 호감을 형성할 수 있도록 한다. 시선은 면접관과 고르게 맞추되 생기 있는 눈빛을 띄도록 하며, 너무 빤히 쳐다본다는 인상을 주지 않도록 한다.

　㉡ 목소리 : 면접은 주로 면접관과 지원자의 대화로 이루어지므로 목소리가 미치는 영향이 상당하다. 답변을 할 때에는 부드러우면서도 활기차고 생동감 있는 목소리로 하는 것이 면접관에게 호감을 줄 수 있으며 적당한 제스처가 더해진다면 상승효과를 얻을 수 있다. 그러나 적절한 답변을 하였음에도 불구하고 콧소리나 날카로운 목소리, 자신감 없는 작은 목소리는 답변의 신뢰성을 떨어뜨릴 수 있으므로 주의하도록 한다.

④ 자세

　㉠ 걷는 자세
　　• 면접장에 입실할 때에는 상체를 곧게 유지하고 발끝은 평행이 되게 하며 무릎을 스치듯 11자로 걷는다.
　　• 시선은 정면을 향하고 턱은 가볍게 당기며 어깨나 엉덩이가 흔들리지 않도록 주의한다.
　　• 발바닥 전체가 닿는 느낌으로 안정감 있게 걸으며 발소리가 나지 않도록 주의한다.
　　• 보폭은 어깨넓이만큼이 적당하지만, 스커트를 착용했을 경우 보폭을 줄인다.
　　• 걸을 때도 미소를 유지한다.

　㉡ 서있는 자세
　　• 몸 전체를 곧게 펴고 가슴을 자연스럽게 내민 후 등과 어깨에 힘을 주지 않는다.
　　• 정면을 바라본 상태에서 턱을 약간 당기고 아랫배에 힘을 주어 당기며 바르게 선다.
　　• 양 무릎과 발뒤꿈치는 붙이고 발끝은 11자 또는 V형을 취한다.
　　• 남성의 경우 팔을 자연스럽게 내리고 양손을 가볍게 쥐어 바지 옆선에 붙이고, 여성의 경우 공수자세를 유지한다.

ⓒ 앉은 자세

• 남성

> • 의자 깊숙이 앉고 등받이와 등 사이에 주먹 1개 정도의 간격을 두며 기대듯 앉지 않도록 주의한다. (남녀 공통 사항)
> • 무릎 사이에 주먹 2개 정도의 간격을 유지하고 발끝은 11자를 취한다.
> • 시선은 정면을 바라보며 턱은 가볍게 당기고 미소를 짓는다. (남녀 공통 사항)
> • 양손은 가볍게 주먹을 쥐고 무릎 위에 올려놓는다.
> • 앉고 일어날 때에는 자세가 흐트러지지 않도록 주의한다. (남녀 공통 사항)

• 여성

> • 스커트를 입었을 경우 왼손으로 뒤쪽 스커트 자락을 누르고 오른손으로 앞쪽 자락을 누르며 의자에 앉는다.
> • 무릎은 붙이고 발끝을 가지런히 하며, 다리를 왼쪽으로 비스듬히 기울이면 여성스러워 보이는 효과가 있다.
> • 양손을 모아 무릎 위에 모아 놓으며 스커트를 입었을 경우 스커트 위를 가볍게 누르듯이 올려놓는다.

(2) 면접 예절

① 행동 관련 예절

ⓐ **지각은 절대금물** : 시간을 지키는 것은 예절의 기본이다. 지각을 할 경우 면접에 응시할 수 없거나, 면접 기회가 주어지더라도 불이익을 받을 가능성이 높아진다. 따라서 면접장소가 결정되면 교통편과 소요시간을 확인하고 가능하다면 사전에 미리 방문해보는 것도 좋다. 면접 당일에는 서둘러 출발하여 면접 시간 20~30분 전에 도착하여 회사를 둘러보고 환경에 익숙해지는 것도 성공적인 면접을 위한 요령이 될 수 있다.

ⓑ **면접 대기 시간** : 지원자들은 대부분 면접장에서의 행동과 답변 등으로만 평가를 받는다고 생각하지만 그렇지 않다. 면접관이 아닌 면접진행자 역시 대부분 인사실무자이며 면접관이 면접 후 지원자에 대한 평가에 있어 확신을 위해 면접진행자의 의견을 구한다면 면접진행자의 의견이 당락에 영향을 줄 수 있다. 따라서 면접 대기 시간에도 행동과 말을 조심해야 하며, 면접을 마치고 돌아가는 순간까지도 긴장을 늦춰서는 안 된다. 면접 중 압박적인 질문에 답변을 잘 했지만, 면접장을 나와 흐트러진 모습을 보이거나 욕설을 한다면 면접 탈락의 요인이 될 수 있으므로 주의해야 한다.

ⓒ 입실 후 태도 : 본인의 차례가 되어 호명되면 또렷하게 대답하고 들어간다. 만약 면접장 문이 닫혀 있다면 상대에게 소리가 들릴 수 있을 정도로 노크를 두세 번 한 후 대답을 듣고 나서 들어가야 한다. 문을 여닫을 때에는 소리가 나지 않게 조용히 하며 공손한 자세로 인사한 후 성명과 수험번호를 말하고 면접관의 지시에 따라 자리에 앉는다. 이 경우 착석하라는 말이 없는데 먼저 의자에 앉으면 무례한 사람으로 보일 수 있으므로 주의한다. 의자에 앉을 때에는 끝에 앉지 말고 무릎 위에 양손을 가지런히 얹는 것이 예절이라고 할 수 있다.

ⓔ 옷매무새를 자주 고치지 마라. : 일부 지원자의 경우 옷매무새 또는 헤어스타일을 자주 고치거나 확인하기도 하는데 이러한 모습은 과도하게 긴장한 것 같아 보이거나 면접에 집중하지 못하는 것으로 보일 수 있다. 남성 지원자의 경우 넥타이를 자꾸 고쳐 매다거나 정장 상의 끝을 너무 자주 만지작거리지 않는다. 여성 지원자는 머리를 계속 쓸어 올리지 않고, 특히 짧은 치마를 입고서 신경이 쓰여 치마를 끌어 내리는 행동은 좋지 않다.

ⓜ 다리를 떨거나 산만한 시선은 면접 탈락의 지름길 : 자신도 모르게 다리를 떨거나 손가락을 만지는 등의 행동을 하는 지원자가 있는데, 이는 면접관의 주의를 끌 뿐만 아니라 불안하고 산만한 사람이라는 느낌을 주게 된다. 따라서 가능한 한 바른 자세로 앉아 있는 것이 좋다. 또한 면접관과 시선을 맞추지 못하고 여기저기 둘러보는 듯한 산만한 시선은 지원자가 거짓말을 하고 있다고 여겨지거나 신뢰할 수 없는 사람이라고 생각될 수 있다.

② 답변 관련 예절

ⓐ 면접관이나 다른 지원자와 가치 논쟁을 하지 않는다. : 질문을 받고 답변하는 과정에서 면접관 또는 다른 지원자의 의견과 다른 의견이 있을 수 있다. 특히 평소 지원자가 관심이 많은 문제이거나 잘 알고 있는 문제인 경우 자신과 다른 의견에 대해 이의가 있을 수 있다. 하지만 주의할 것은 면접에서 면접관이나 다른 지원자와 가치 논쟁을 할 필요는 없다는 것이며 오히려 불이익을 당할 수도 있다. 정답이 정해져 있지 않은 경우에는 가치관이나 성장배경에 따라 문제를 받아들이는 태도에서 답변까지 충분히 차이가 있을 수 있으므로 굳이 면접관이나 다른 지원자의 가치관을 지적하고 고치려 드는 것은 좋지 않다.

ⓛ 답변은 항상 정직해야 한다. : 면접이라는 것이 아무리 지원자의 장점을 부각시키고 단점을 축소시키는 것이라고 해도 절대로 거짓말을 해서는 안 된다. 거짓말을 하게 되면 지원자는 불안하거나 꺼림칙한 마음이 들게 되어 면접에 집중을 하지 못하게 되고 수많은 지원자를 상대하는 면접관은 그것을 놓치지 않는다. 거짓말은 그 지원자에 대한 신뢰성을 떨어뜨리며 이로 인해 다른 스펙이 아무리 훌륭하다고 해도 채용에서 탈락하게 될 수 있음을 명심하도록 한다.

ⓒ 경력직을 경우 전 직장에 대해 험담하지 않는다. : 지원자가 전 직장에서 무슨 업무를 담당했고 어떤 성과를 올렸는지는 면접관이 관심을 둘 사항일 수 있지만, 이전 직장의 기업문화나 상사들이 어땠는지는 그다지 궁금해 하는 사항이 아니다. 전 직장에 대해 험담을 늘어놓는다든가, 동료와 상사에 대한 악담을 하게 된다면 오히려 지원자에 대한 부정적인 이미지만 심어줄 수 있다. 만약 전 직장에 대한 말을 해야 할 경우가 생긴다면 가능한 한 객관적으로 이야기하는 것이 좋다.

ⓔ 자기 자신이나 배경에 대해 자랑하지 않는다. : 자신의 성취나 부모 형제 등 집안사람들이 사회·경제적으로 어떠한 위치에 있는지에 대한 자랑은 면접관으로 하여금 지원자에 대해 오만한 사람이거나 배경에 의존하려는 나약한 사람이라는 이미지를 갖게 할 수 있다. 따라서 자기 자신이나 배경에 대해 자랑하지 않도록 하고, 자신이 한 일에 대해서 너무 자세하게 얘기하지 않도록 주의해야 한다.

3 면접 질문 및 답변 포인트

(1) 가족 및 대인관계에 관한 질문

① 당신의 가정은 어떤 가정입니까?

면접관들은 지원자의 가정환경과 성장과정을 통해 지원자의 성향을 알고 싶어 이와 같은 질문을 한다. 비록 가정 일과 사회의 일이 완전히 일치하는 것은 아니지만 '가화만사성'이라는 말이 있듯이 가정이 화목해야 사회에서도 화목하게 지낼 수 있기 때문이다. 그러므로 답변 시에는 가족사항을 정확하게 설명하고 집안의 분위기와 특징에 대해 이야기하는 것이 좋다.

② 아버지의 직업은 무엇입니까?

아주 기본적인 질문이지만 지원자는 아버지의 직업과 내가 무슨 관련성이 있을까 생각하기 쉬워 포괄적인 답변을 하는 경우가 많다. 그러나 이는 바람직하지 않은 것으로 단답형으로 답변하면 세부적인 직종 및 근무연한 등을 물을 수 있으므로 모든 걸 한 번에 대답하는 것이 좋다.

③ 친구 관계에 대해 말해 보십시오.

지원자의 인간성을 판단하는 질문으로 교우관계를 통해 답변자의 성격과 대인관계능력을 파악할 수 있다. 새로운 환경에 적응을 잘하여 새로운 친구들이 많은 것도 좋지만, 깊고 오래 지속되어온 인간관계를 말하는 것이 더욱 바람직하다.

(2) 성격 및 가치관에 관한 질문

① 당신의 PR포인트를 말해 주십시오.

PR포인트를 말할 때에는 지나치게 겸손한 태도는 좋지 않으며 적극적으로 자기를 주장하는 것이 좋다. 앞으로 입사 후 하게 될 업무와 관련된 자기의 특성을 구체적인 일화를 더하여 이야기하도록 한다.

② 당신의 장·단점을 말해 보십시오.

지원자의 구체적인 장·단점을 알고자 하기 보다는 지원자가 자기 자신에 대해 얼마나 알고 있으며 어느 정도의 객관적인 분석을 하고 있나, 그리고 개선의 노력 등을 시도하는지를 파악하고자 하는 것이다. 따라서 장점을 말할 때는 업무와 관련된 장점을 뒷받침할 수 있는 근거와 함께 제시하며, 단점을 이야기할 때에는 극복을 위한 노력을 반드시 포함해야 한다.

③ 가장 존경하는 사람은 누구입니까?

존경하는 사람을 말하기 위해서는 우선 그 인물에 대해 알아야 한다. 잘 모르는 인물에 대해 존경한다고 말하는 것은 면접관에게 바로 지적당할 수 있으므로, 추상적이라도 좋으니 평소에 존경스럽다고 생각했던 사람에 대해 그 사람의 어떤 점이 좋고 존경스러운지 대답하도록 한다. 또한 자신에게 어떤 영향을 미쳤는지도 언급하면 좋다.

(3) 학교생활에 관한 질문

① 지금까지의 학교생활 중 가장 기억에 남는 일은 무엇입니까?

가급적 직장생활에 도움이 되는 경험을 이야기하는 것이 좋다. 또한 경험만을 간단하게 말하지 말고 그 경험을 통해서 얻을 수 있었던 교훈 등을 예시와 함께 이야기하는 것이 좋으나 너무 상투적인 답변이 되지 않도록 주의해야 한다.

② 성적은 좋은 편이었습니까?

면접관은 이미 서류심사를 통해 지원자의 성적을 알고 있다. 그럼에도 불구하고 이 질문을 하는 것은 지원자가 성적에 대해서 어떻게 인식하느냐를 알고자 하는 것이다. 성적이 나빴던 이유에 대해서 변명하려 하지 말고 담백하게 받아드리고 그것에 대한 개선노력을 했음을 밝히는 것이 적절하다.

③ 학창시절에 시위나 집회 등에 참여한 경험이 있습니까?

기업에서는 노사분규를 기업의 사활이 걸린 중대한 문제로 인식하고 거시적인 차원에서 접근한다. 이러한 기업문화를 제대로 인식하지 못하여 학창시절의 시위나 집회 참여 경험을 자랑스럽게 답변할 경우 감점요인이 되거나 심지어는 탈락할 수 있다는 사실에 주의한다. 시위나 집회에 참가한 경험을 말할 때에는 타당성과 정도에 유의하여 답변해야 한다.

(4) 지원동기 및 직업의식에 관한 질문

① 왜 우리 회사를 지원했습니까?

이 질문은 어느 회사나 가장 먼저 물어보고 싶은 것으로 지원자들은 기업의 이념, 대표의 경영능력, 재무구조, 복리후생 등 외적인 부분을 설명하는 경우가 많다. 이러한 답변도 적절하지만 지원 회사의 주력 상품에 관한 소비자의 인지도, 경쟁사 제품과의 시장점유율을 비교하면서 입사동기를 설명한다면 상당히 주목 받을 수 있을 것이다.

② 만약 이번 채용에 불합격하면 어떻게 하겠습니까?

불합격할 것을 가정하고 회사에 응시하는 지원자는 거의 없을 것이다. 이는 지원자를 궁지로 몰아넣고 어떻게 대응하는지를 살펴보며 입사 의지를 알아보려고 하는 것이다. 이 질문은 너무 깊이 들어가지 말고 침착하게 답변하는 것이 좋다.

③ 당신이 생각하는 바람직한 사원상은 무엇입니까?

직장인으로서 또는 조직의 일원으로서의 자세를 묻는 질문으로 지원하는 회사에서 어떤 인재상을 요구하는 가를 알아두는 것이 좋으며, 평소에 자신의 생각을 미리 정리해 두어 당황하지 않도록 한다.

④ 직무상의 적성과 보수의 많음 중 어느 것을 택하겠습니까?

이런 질문에서 회사 측에서 원하는 답변은 당연히 직무상의 적성에 비중을 둔다는 것이다. 그러나 적성만을 너무 강조하다 보면 오히려 솔직하지 못하다는 인상을 줄 수 있으므로 어느 한 쪽을 너무 강조하거나 경시하는 태도는 바람직하지 못하다.

⑤ 상사와 의견이 다를 때 어떻게 하겠습니까?

과거와 다르게 최근에는 상사의 명령에 무조건 따르겠다는 수동적인 자세는 바람직하지 않다. 회사에서는 때에 따라 자신이 판단하고 행동할 수 있는 직원을 원하기 때문이다. 그러나 지나치게 자신의 의견만을 고집한다면 이는 팀원 간의 불화를 야기할 수 있으며 팀 체제에 악영향을 미칠 수 있으므로 선호하지 않는다는 것에 유념하여 답해야 한다.

⑥ 근무지가 지방인데 근무가 가능합니까?

근무지가 지방 중에서도 특정 지역은 되고 다른 지역은 안 된다는 답변은 바람직하지 않다. 직장에서는 순환 근무라는 것이 있으므로 처음에 지방에서 근무를 시작했다고 해서 계속 지방에만 있는 것은 아님을 유의하고 답변하도록 한다.

(5) 여가 활용에 관한 질문

① 취미가 무엇입니까?

기초적인 질문이지만 특별한 취미가 없는 지원자의 경우 대답이 애매할 수밖에 없다. 그래서 가장 많이 대답하게 되는 것이 독서, 영화감상, 혹은 음악감상 등과 같은 흔한 취미를 말하게 되는데 이런 취미는 면접관의 주의를 끌기 어려우며 설사 정말 위와 같은 취미를 가지고 있다하더라도 제대로 답변하기는 힘든 것이 사실이다. 가능하면 독특한 취미를 말하는 것이 좋으며 이제 막 시작한 것이라도 열의를 가지고 있음을 설명할 수 있으면 그것을 취미로 답변하는 것도 좋다.

② 술자리를 좋아합니까?

이 질문은 정말로 술자리를 좋아하는 정도를 묻는 것이 아니다. 우리나라에서는 대부분 술자리가 친교의 자리로 인식되기 때문에 그것에 얼마나 적극적으로 참여할 수 있는 가를 우회적으로 묻는 것이다. 술자리를 싫어한다고 대답하게 되면 원만한 대인관계에 문제가 있을 수 있다고 평가될 수 있으므로 술을 잘 마시지 못하더라도 술자리의 분위기는 즐긴 다고 답변하는 것이 좋으며 주량에 대해서는 정확하게 말하는 것이 좋다.

(6) 여성 지원자들을 겨냥한 질문

① 결혼은 언제 할 생각입니까?

지원자가 결혼예정자일 경우 기업은 채용을 꺼리게 되는 경향이 있다. 업무를 어느 정도 인식하고 수행할 정도가 되면 퇴사하는 일이 흔하기 때문이다. 가능하면 향후 몇 년간은 결혼 계획이 없다고 답변하는 것이 현실적인 대처 요령이며, 덧붙여 결혼 후에도 일하고 자 하는 의지를 강하게 내보인다면 더욱 도움이 된다.

② 만약 결혼 후 남편이나 시댁에서 직장생활을 그만두라고 강요한다면 어떻게 하겠습니까?

결혼적령기의 여성 지원자들에게 빈번하게 묻는 질문으로 의견 대립이 생겼을 때 상대방 을 설득하고 타협하는 능력을 알아보고자 하는 것이다. 따라서 남편이나 시댁과 충분한 대화를 통해 설득하고 계속 근무하겠다는 의지를 밝히는 것이 좋다.

③ 여성의 취업을 어떻게 생각합니까?

여성 지원자들의 일에 대한 열의와 포부를 알고자 하는 질문이다. 많은 기업들이 여성들 의 섬세하고 꼼꼼한 업무능력과 감각을 높이 평가하고 있으며, 사회 전반적인 분위기 역 시 맞벌이를 이해하고 있으므로 자신의 의지를 당당하고 자신감 있게 밝히는 것이 좋다.

④ 커피나 복사 같은 잔심부름이 주어진다면 어떻게 하겠습니까?

여성 지원자들에게 가장 난감하고 자존심상하는 질문일 수 있다. 이 질문은 여성 지원자 에게 잔심부름을 시키겠다는 요구가 아니라 직장생활 중에서의 협동심이나 봉사정신, 직 업관을 알아보고자 하는 것이다. 또한 이 과정에서 압박기법을 사용해 비꼬는 투로 말하 는 수 있는데 이는 자존심이 상하거나 불쾌해질 때의 행동을 알아보려는 것이다. 이럴 경 우 흥분하여 과격하게 답변하면 탈락하게 되며, 무조건 열심히 하겠다는 대답도 신뢰성이 없는 답변이다. 직장생활을 위해 필요한 일이면 할 수 있다는 정도의 긍정적인 답변을 하 되, 한 사람의 사원으로서 당당함을 유지하는 것이 좋다.

(7) 지원자를 당황하게 하는 질문

① 성적이 좋지 않은데 이 정도의 성적으로 우리 회사에 입사할 수 있다고 생각합니까?

비록 자신의 성적이 좋지 않더라도 이미 서류심사에 통과하여 면접에 참여하였다면 기업에서는 지원자의 성적보다 성적 이외의 요소, 즉 성격·열정 등을 높이 평가했다는 것이라고 할 수 있다. 그러나 이런 질문을 받게 되면 지원자는 당황할 수 있으나 주눅 들지 말고 침착하게 대처하는 면모를 보인다면 더 좋은 인상을 남길 수 있다.

② 우리 회사 회장님 함자를 알고 있습니까?

회장이나 사장의 이름을 조사하는 것은 면접일을 통고받았을 때 이미 사전 조사되었어야 하는 사항이다. 단답형으로 이름만 말하기보다는 그 기업에 입사를 희망하는 지원자의 입장에서 답변하는 것이 좋다.

③ 당신은 이 회사에 적합하지 않은 것 같군요.

이 질문은 지원자의 입장에서 상당히 곤혹스러울 수밖에 없다. 질문을 듣는 순간 그렇다면 면접은 왜 참가시킨 것인가 하는 생각이 들 수도 있다. 하지만 당황하거나 흥분하지 말고 침착하게 자신의 어떤 면이 회사에 적당하지 않는지 겸손하게 물어보고 지적당한 부분에 대해서 고치겠다는 의지를 보인다면 오히려 자신의 능력을 어필할 수 있는 기회로 사용할 수도 있다.

④ 다시 공부할 계획이 있습니까?

이 질문은 지원자가 합격하여 직장을 다니다가 공부를 더 하기 위해 회사를 그만 두거나 학습에 더 관심을 두어 일에 대한 능률이 저하될 것을 우려하여 묻는 것이다. 이때에는 당연히 학습보다는 일을 강조해야 하며, 업무 수행에 필요한 학습이라면 업무에 지장이 없는 범위에서 야간학교를 다니거나 회사에서 제공하는 연수 프로그램 등을 활용하겠다고 답변하는 것이 적당하다.

⑤ 지원한 분야가 전공한 분야와 다른데 여기 일을 할 수 있겠습니까?

수험생의 입장에서 본다면 지원한 분야와 전공이 다르지만 서류전형과 필기전형에 합격하여 면접을 보게 된 경우라고 할 수 있다. 이는 결국 해당 회사의 채용 방침상 전공에 크게 영향을 받지 않는다는 것이므로 무엇보다 자신이 전공하지는 않았지만 어떤 업무도 적극적으로 임할 수 있다는 자신감과 능동적인 자세를 보여주도록 노력하는 것이 좋다.

02 영어면접

1 최근 영어면접 경향

(1) 왜 영어면접을 하는가?

우선 가장 먼저 영어면접을 왜 해야 하는가에 대한 근본취지에 대한 이해가 필요하고 이에 따라 준비 방향을 잡는 것이 중요하다. 많은 사람들이 실제 영어를 사용할 일이 그다지 많지 않은데 왜 영어 면접까지 해야 하는 지 의문을 가지고 있다. 그럼 영어 인터뷰를 하는 이유를 살펴보도록 하자.

① 실용적인 이유

경영학에서 MOT(Moment Of Truth), 즉 진실의 순간이라는 것이 있다. 이는 고객과의 접점 순간을 나타내는 말인데 스페인의 투우사가 소의 심장을 찌르는 순간에서 유래된 말이다. 우리나라와 같이 수출에 많이 의존하는 나라는 이 MOT라는 것이 영어라는 언어를 통해 해외 고객들과 이루어진다.

기업마다 그리고 직무마다 해외교류의 필요성 정도가 틀리지만 우리나라 사람들의 영어교육이 암기식 필기 위주로 교육이 되다보니 실제 현장에서는 말 한마디 못하는 경우가 비일비재하다. 말을 하더라도 발음이나 문법이 지나치게 어색해서 의사소통이 제대로 안 되는 경우도 많다. 최근 중국시장이 커지고 있다고 하나 정작 중국 사람들은 어순이 비슷한 영어로 외국인과 의사소통하는 것을 어중간한 중국어로 의사소통하는 것보다 편하게 생각하는 경우가 많다. 이는 영어가 국제무역에서 표준 언어로 자리 잡고 있기 때문에 통상을 위해서는 불가피하게 갖추어야 할 언어 소통 능력이다.

② 변별력 측정의 수단

기업 채용에서는 여러 대학 출신들이 경쟁하기 때문에 표준화된 변별력 측정 수단을 채용하는 입장에서는 찾을 수밖에 없다. 학점의 경우 대학들마다 기준이 틀리기 때문에 표준화된 변별력 측정 수단이 되기에는 부족하다. 즉, A에 재학하는 대학생이 B대학에서는 더 높은 학점을 받을 수도 있고 반대의 경우도 가능하기 때문이다. 학점은 변별력 측정 수단이라기보다는 성실성을 측정하는 수단으로 보는 경우가 많고 어느 정도 수준만 넘으면 서류전형 통과기준으로 활용된다. 토익 또한 영어라는 객관적인 변별력 측정수단이 되기는 하지만 필기시험 위주다 보니 수험생들이 계속 치다보면 요령을 터득 하게 되어 토익점수 인플레 현상이 나타나고 있는 상황이다.

그러다보니 학점과 마찬가지로 일정 수준을 넘으면 서류전형 합격기준으로 활용되고 있는 상황이다. 이러한 이유들 때문에 서류전형에서 측정되는 항목들로는 진정으로 자신들이 원하는 인재를 선별하기에는 한계점이 있다고 느끼게 되어 점차 면접이 강화되는 추세이다. 일단 서류전형을 통과하면 서류전형에서 검토되었던 기준들은 면접을 위한 참고자료 정도로만 활용된다. 이러한 추세에 맞춰 취업준비생들은 면접을 준비하는데 상당한 노력을 기울이고 있는 상황이다. 이러한 상황에서 면접 대상자들 대부분은 상당한 준비가 되어 있을 테고 이에 따른 변별력 측정 수단이 필요하게 된다. 영어면접의 경우 일반면접에 비해 단시일 내에 준비하기 어렵기 때문에 보다 더 정확한 변별력 측정 수단으로 활용될 수 있기 때문이다.

③ 면접자를 더 파악하기 위한 수단

위에서 언급했듯이 대다수의 취업 준비생들은 면접 준비에 상당한 노력을 기울인다. 그러다 보니 계산된 답변들이 나오게 되고 면접관 입장에서는 면접자의 진정한 모습을 찾기가 그만큼 어려워진다. 따라서 면접관들은 압박면접이나 영어면접을 통하여 면접자들을 흔들어 당황하게 만들고 머릿속을 공백 상태로 만들기를 좋아하는 경우가 많다. 그러한 상태가 되면 면접자가 어떠한 사람인지를 더 정확하게 파악할 수 있게 되어 인성, 태도, 스트레스에 대한 내성, 논리성 등 다양한 면을 더 정확하게 볼 수 있게 된다.

④ 창의력 측정의 수단

우리나라 영어교육은 주로 암기식 위주로 되었기 때문에 실제 현장에서 영어를 구사할 때 상황에 맞지 않게 천편일률적으로 대응하는 경우가 많다. 예전에 유행했던 유머 중 이런 내용이 있다. 한국 사람이 미국에 가서 관광 도중 큰 교통사고를 당했다. 그러자 근처에 있던 경찰이 급하게 뛰어와 "Are you OK?"라고 물으니 그 관광객은 "Fine thank you and you?"라고 답했다 한다. 영어면접은 그 면접자의 응용력 측정 수단으로서도 활용되기 때문에 흔히 얘기하듯이 교과서식 답변은 그다지 좋은 인상을 주지 못한다. 인터뷰 질문에 대한 답변 중 사실 정답은 없다. 다만 면접자의 답변하는 방식이 어떠한가를 보고 기업에 맞는 인재인가를 판단하는 것이다.

(2) 영어면접의 질문 유형

영어면접의 질문 유형을 미리 파악해 사전에 준비하면 문장을 어떻게 구성해야 하는지 즉시 떠올릴 수 있기 때문에 큰 도움이 된다. 영어면접의 유형은 크게 아래와 같이 4개 유형으로 나누어진다.

① **과거경험형** … 과거 자신의 경험에 대한 질문으로서 자신의 역사를 소개할 수 있는 기회로 삼을 수 있다. 평범한 답변 보다는 자기성찰을 담은 경험담을 흥미롭게 전달할 수 있어야 한다. 이와 같은 질문은 평상시에 자기 자신에 대해서 생각하지 않으면 제3자에게 자신을 알리기 어렵기 때문에 우선 스스로에 대해서 질문을 던져보는 것이 좋다.

Q What was your most impressive experience during college days?
당신의 대학생활 중 가장 인상 깊었던 경험은 무엇입니까?

> **A** My voluntary work at Cambodia was the most impressive experience. Because I felt that efficient home building method is needed in undeveloped area which led me to get interested in construction industry.
>
> 캄보디아에서 봉사 활동한 경험이 가장 인상 깊었습니다. 왜냐하면 저개발 지역에 효과적으로 집을 짓는 방법이 필요하다고 느꼈고 그로 인하여 건설 산업에 흥미를 가지게 되었습니다.

위 면접자는 가장 인상 깊었던 일을 흔히 접하기 어려운 흥미로운 주제로 삼았고 봉사활동이 인상이 깊었던 이유를 설명함으로서 논리적이라는 인상을 준다. 또한 만약 위 면접자가 건설 산업에 종사하는 기업에 면접을 한 경우라면 자연스럽게 관심을 가지게 된 이유와 지원 동기를 설명하는 기회가 된다. 많은 면접자들이 문법공부를 많이 했음에도 불구하고 실제 영어로 얘기할 때 틀리는 부분이 시제와 관련된 부분인데 시제가 틀리면 의미전달 자체가 제대로 되지 않는 경우가 많다. 틀리는 방법도 대부분 유사한데 현재형으로 문장을 만들어 얘기하는 경향이 있다. 이렇게 되면 과거에 경험을 했다는 것인지 지금 현재 그렇다는 것인지 의미가 헷갈리게 된다.

Q When did you go to US for study?
미국에 공부하러 간 게 언제인가요?

> **A** I went to US in 2009 to study ~. (○)
> I go to US in 2009 to studying ~. (×)

Q Could you tell me why you selected your major?
당신의 전공을 선택한 이유는 무엇이죠?

> **A** I selected my major because I was interested in ~, and thought that majoring in ~ would fit my interest as well as my future career. (○)
> I selected my major because I am interested in ~, and think ~ (×)

② **상황제시형** … 어떠한 가정의 상황을 제시하고 이러한 경우 어떻게 대응할 것인가를 질문하는 것이다. 이러한 질문의 경우 가정문으로 문장을 만들어 답변하면 된다.

Q If you were a CEO of our company what would you do first of all?

당신이 우리 회사의 CEO라면 가장 먼저 무엇을 하겠습니까?

A If I were a CEO of our company, I would first of all ~.

제가 우리 회사의 CEO라면 가장 먼저 ~ 을 하겠습니다.

Q What would you do if customers kept complaining on your work?

고객들이 당신의 업무에 대해 계속 불평을 하면 어떻게 하겠는가?

A If I were at that situation, I would ~

제가 그러한 상황이라면 먼저 ~ 하겠습니다.

위와 같이 ~ 상황이라면 어떻게 하겠느냐의 질문 유형 외에도 ~ 한 상황이었던 예를 들어 보게 하는 질문 유형이 있다.

Q Give an example of an occasion when you used logic to solve a problem.

당신이 문제를 해결하기 위하여 논리적인 사고를 한 경우를 제시하십시오.

Q Describe a decision you made that was unpopular and how you handled implementing it.

당신이 결정한 것 중 주변으로부터 인기가 없었던 경우를 설명하고 당신이 결정한 사항을 실행하기 위하여 어떻게 상황을 다루었는지 설명해 보십시오.

이와 같이 예를 들어보게 하는 질문 유형은 아래와 같은 흐름으로 답변에 담으면 된다.

• 구체적인 상황

⇩

• 해야 했던 일 또는 해결해야했던 사항

⇩

• 어떠한 행동을 하였는가

⇩

• 그래서 어떠한 결과가 나타났는가

③ **돌발질문** … 인터뷰를 진행하다가 상황에 따라서 면접관이 돌발적으로 하는 질문 유형이다. 압박질문도 이러한 유형에 속하는데 돌발질문과 관련하여 다음의 사항들을 주의해야 한다.

㉠ 기본적으로 자기소개 정도는 영어로 할 수 있도록 반드시 준비하라
- 가족이나 출신 등의 기본적인 사항보다는 사회인에 맞게 자신의 특징을 잘 나타낼 수 있는 자기소개를 하도록 하라.
- 면접관들의 관심을 끌 수 있도록 흥미 있도록 포장해서 소개하라.
- 자기성찰과 자신의 생각 등을 표현하여 성숙된 느낌을 주어라.
- 당황하지 않고 자신의 인생을 특징적으로 압축하여 명확하게 표현하라.

㉡ 많은 질문은 그만큼 당신에게 관심 있다는 뜻이니 절대 당황하지 마라

㉢ 자신의 답변에 대해서는 책임을 져라
- 질문에 대해 모르겠는데요. 기사에 나왔는데요 등 무책임한 발언은 하지마라. 정말 모르면 정중한 표현을 사용하여 사실대로 말하라.
- 잘 생각이 안 나도 성의 있게 당황하지 말고 또박또박 말하라.

㉣ 면접관들이 질문할 때 중간에 말을 끊지 마라
- 질문이 끝날 때까지 기다리고 어떻게 이야기할지 잠시 생각하고 말하라.

㉤ 지원한 곳과 관련된 최근 동향을 기사 검색을 통해서 알아두라

㉥ 지나치게 비판적이거나 오만한 태도로 압박면접의 대상이 되지 마라
- 자신감과 오만함은 틀리다는 것을 명심하라.

④ **대화형 질문** … 이 유형은 주로 외국계 회사나 경력자들을 채용할 때 하는 질문 유형으로 비교적 편안한 분위기에서 대화식으로 질문과 답변을 주고받는 것이다. 이러한 경우 면접자와 함께 일할 수 있는가를 보기 때문에 주로 전문지식과 경력위주의 질문이 이루어지고 지원한 곳에 면접자가 채용되면 적응을 잘 할 수 있는가 등의 적합도를 주로 평가한다. 다음의 예시와 같이 장래 회사에 어떻게 기여할 수 있는지 설명하는 것이 중요하다. 또한 지원하는 특정 Job position에 자신이 적합하다는 것을 설득해야 한다.

Ｑ Please tell us how you can contribute to our company?

우리 회사에 당신이 어떻게 기여할 수 있는지 말씀해주시겠습니까?

Ａ I have in-depth knowledge in software development as well as sales experience which I believe will contribute to the company's sales growth.

나는 소프트웨어 개발에 대한 깊은 지식이 있고 세일즈 경험도 있어 회사의 매출 증대에 기여할 수 있다고 믿습니다.

면접관이 위와 같은 설명이 부족하다 싶으면 대화식으로 더 구체적인 사항을 물어본다.

Q Could you tell me more specifically about your knowledge in software development and sales background?

당신의 소프트웨어 지식과 세일즈 경험에 대해서 더 구체적으로 설명해주시겠습니까?

> **A** I have knowledge in developing software in Java and Oracle language which is approved by certification. And I have tender software sales experience for 3 years.
>
> 저는 자바와 오라클 언어로 소프트웨어를 개발하는 지식을 가지고 있으며 이를 증명하는 자격증을 가지고 있습니다. 그리고 저는 3년의 소프트웨어 입찰 세일즈 경험을 가지고 있습니다.

아래 예문에서와 같이 연봉은 얼마를 받기를 원하는지 조건을 물어보는 질문을 자주한다. 이럴 때 얼버무리지 말고 합리적인 조건을 의사 표시해야 한다.

Q How much compensation do you expect when you are employed?

당신이 고용되면 어느 정도의 보상을 원하십니까?

> **A** I would like to get paid annually ~.
>
> 나는 연봉~을 지급받기를 원합니다.

(3) 평범한 답변으로는 부족하다

영어면접은 단순한 영어회화 테스트가 아니라 면접자의 창의성과 논리성, 의사전달력을 평가하여 직무를 수행할 수 있는 능력을 갖추었는지 보는 것이다. 따라서 아래와 같이 기본적인 원칙을 지켜야 한다.

① 자신의 의견을 뒷받침할 구체적인 예를 들어 의미를 확실히 전달할 것. 예를 들 때 자신의 창의력을 보여줄 것

> **A** City of Seoul should build more cultural infrastructure.
>
> 서울시는 문화적인 인프라를 더 지어야 한다.

㉠ 구체적인 예를 들어준다.

> **A** City of Seoul should build more cultural infrastructure such as museum, park, and theater.
>
> 서울시는 박물관, 파크, 극장과 같은 문화적인 인프라를 더 지어야 한다.

㉡ 여기에서 더 나아가 창의력을 첨가한다.

> **A** City of Seoul should build more unique cultural infrastructure such as green theme park, IT museum.
>
> 서울시는 그린 테마 파크, IT 박물관과 같은 독특한 문화 인프라를 더 지어야 한다.

㉢ 또는 For example로 시작하는 새로운 문장을 만들어 구체적인 예를 들어준다.

② 답변의 논리성을 지키고 인과관계에 주의할 것

> **A** Cultural asset of the city is becoming more important in enhancing quality of life and competitiveness of city.
> 도시의 문화적인 자산은 삶의 질 향상과 도시의 경쟁력에 점점 더 중요해지고 있다.

> **A** Therefore, City of Seoul should build more cultural infrastructure such as museum, park, and theater.
> 따라서, 서울시는 박물관, 공원, 극장과 같은 문화적인 인프라를 더 지어야 한다.

> **A** For example, City of Seoul should build unique cultural infrastructure such as green theme park, IT museum, and traditional performance theater which can show characteristics of our city.
> 예를 들어, 서울시는 그린 테마 파크, IT 박물관, 전통 공연 극장 등 도시의 성격을 잘 나타낼 수 있는 독특한 문화적인 인프라를 지어야 한다.

논리적인 흐름을 지킨다. A(명제) ➪ B(방안) ➪ C(예를 통한 의사전달)

〈면접관의 생각 흐름〉

A : 문화적인 인프라가 중요해지는데 뭐 어쩌라고?

B : 박물관, 공원 그런 것 다 있지 않나?

C : 아. 그런 것 하면 좋겠네.

③ 답변의 leveling에 주의할 것

자신의 의견을 답하면서 예를 여러 개 들 때 중구난방으로 답하는 것을 피하고 첫째와 둘째, 셋째의 예를 수준이 맞게 하고 중복을 피해야 한다. 예를 들어 방안들을 나열할 때 첫째는 문화 인프라를 더 구축해야 한다, 둘째는 서울시에 볼거리가 더 있어야 한다. 이런 식으로 하면 첫째 방안에 비해 둘째는 너무 지엽적이어서 레벨이 맞지 않고 둘째 방안이 첫째 방안에 속하게 되어 중복 문제가 생긴다.

(4) 영어실력만 보는 것일까?

앞에서 언급했듯이 영어면접은 영어 실력뿐만 아니라 영어라는 도구를 활용하여 면접자에 대해서 더 알고자 하는 목적으로 활용된다. 면접관들이 여러 명으로 구성되어 있는데 영어로 물어보는 면접관만 영어면접을 평가한다고 생각해서는 안 된다. 영어면접을 할 때 면접자의 태도, 열정, 논리성 등은 함께 배석한 다른 면접자들도 동시에 관찰하고 평가한다. 많은 면접자들이 영어로 문장을 내느라 신경을 쓰다 보니 정작 태도는 신경을 못 쓴다. 영어문장을 만드는데 골몰하다보면 자연스레 눈동자가 올라가고 시선이 불안정해진다. 또한 아래와 같이 공식자리에서 사용되는 공손한 영어를 구사해야 한다.

A Thank you for the interview opportunity. (×)

It's a great honor to have my presentation opportunity. (○)

인터뷰 기회를 주셔서 감사합니다.

A Nice to meet you. (×)

It's a great pleasure to meet you, I'm very honored to meet you, 또는 I'm pleased to meet you. (○)

만나 뵙게 되어 반갑습니다.

A I like to (×)

I would like to ~ 등이 좋다. (○)

나는 ~ 하고 싶다.

영어구사능력을 보는 주된 이유 중 하나는 면접자의 자기계발에 대한 열정을 보고 발전가능성을 보는데 있다. 답변을 할 때 자신의 열정을 보여줄 수 있는 요소들을 포함시키면 좋다. 또한 면접자가 어떤 확실한 목표가 있는가를 보는 것도 열정을 평가하는 방법 중 하나이다. 목표를 얘기할 때 두리 뭉실하고 불명확한 것보다 구체적인 것이 좋고 지나치게 비현실적인 목표는 삼가야 한다.

Q What is your hobby?

당신의 취미는 무엇입니까?

A My hobby is reading articles on recent trend in IT and I also participate in club as administrator which deals with the subject.

제 취미는 최신 IT 트렌드와 관련된 기사를 읽는 것이고 그 주제와 관련하여 운영자로서 클럽에도 참가하고 있습니다.

2 사전에 알아두어야 할 지식

(1) 영어 면접 시 주의사항

영어면접을 치루기 전에 알아두어야 할 주의사항들은 아래와 같다.

① 질문의도를 정확히 파악하라

면접자 자신의 가정으로 질문 의도를 어림짐작하지 말고 제대로 질문을 알아듣지 못하였으면 Pardon, please 등 양해를 구하고 다시 질문을 들어야 한다.

② 곧바로 대답하지 말고 생각할 시간을 갖고 답하라

　　즉흥적으로 대답하기 보다는 생각을 가다듬고 문장을 어느 정도 구성한 다음 답변해야 말을 더듬지 않고 실수를 하지 않는다.

③ 의미전달을 명확히 하라

　　답변을 너무 장황하게 하여 스스로 무덤을 파지 말고 핵심을 전달하고 문장을 끝마쳐야 한다.

④ 간단한 단답형 답변이 아니라 문장을 만들어서 답하라

　　질문이 간단하더라도 달랑 Yes, No로 답하지 말고 짧더라도 문장을 만들어서 답하라.

⑤ 자기소개를 할 때 군더더기가 많아 지나치게 시간을 허비하지 마라

　　흔히들 자기소개하면 몇 년도에 태어나 가족은 어떻게 되는 등 호구조사용 답변을 많이 하지만 이러한 것들은 될 수 있으면 삼가야 한다. 그보다는 자신의 뜻 깊은 경험이나 관심과 생각 등 자기성찰적인 내용을 넣어야 한다.

⑥ 사례나 더 구체적인 사항을 얘기할 때 비교적 최신사례나 외국사례를 들어 면접관도 모르는 좋은 사례를 얘기하도록 하라

　　면접자의 답변에서 새로운 정보를 얻으면 그만큼 좋은 인상을 받는다.

⑦ 지나치게 어려운 단어나 생소한 단어는 피하라

　　면접관이 면접자와 전공이 다를 수도 있는데 자신이 아는 단어라고해서 모두 다 안다고 생각해서는 안 된다. 발음이 좋지 않은 상황에서 생소한 단어를 사용하는 것은 더욱 안 좋다. 따라서 의미전달을 명확히 하기 위해서는 지나치게 생소한 단어가 들어간 답변은 피하는 것이 좋다.

⑧ 최근 이슈가 되는 키워드를 답변에 적절히 배치시켜라

　　최신 토픽들이 어떠한 것들이 있는지 파악하고 중심 키워드를 답변에 배치하여 내용의 질을 올리면 좋은 인상을 받을 수 있다.

⑨ 주장을 할 때는 이유를 들어라

　　주장을 할 때는 문장에 because 등을 넣어 논리적인 근거를 제시해야 한다. 또한 according to 등을 활용하여 근거자료를 제시하면 좋다.

⑩ I think 등 불확실한 답변은 피해라

　　자신의 생각이더라도 확실한 주관을 가지고 얘기하도록 하고 I think와 같이 자신감이 결여된 표현은 피하도록 해야 한다.

⑪ 인상을 밝게 하라

밝은 인상은 그만큼 자신감이 있다는 것을 외부에 보이는 것이기 때문에 중요하다. 많은 면접자들이 영어면접에 들어가면 인상이 어두워지는데 내적인 자신감 부족이 외부에 드러나기 때문이다.

⑫ 종교, 인종, 성을 구분한 답변은 피하라

기업들의 인사정책상 종교, 인종, 성차별은 금기 사항임을 명심해야 한다.

⑬ 영어를 구사할 때는 발음만큼이나 억양이 중요하며 무미건조하지 않게 리듬을 타면서 중요한 부분은 강조하라

많은 면접자들을 대하다보면 면접관들도 집중력이 흐트러지기 마련인데 집중을 시키기 위해서라도 억양은 중요하다.

⑭ 성량, 속도, 발음은 사전에 연습을 통하여 강화시켜라

억양과 함께 적절한 성향, 속도, 발음은 능숙하게 영어를 구사할 수 있다는 인상을 준다.

⑮ 한국말로 질문하는 것을 영어로 답변할 수 있도록 준비하라

영어면접을 경계선을 그어 구분 짓지 않고 한국말로 진행하다가 갑자기 영어로 답해보라고 하는 경우도 많기 때문에 불시에 영어로 답해야 하는 경우를 대비해야 한다.

⑯ 인터뷰를 끝마치면 Thank you for listening 등 인사를 하라

긴장한 나머지 시작과 끝이 말끔하지 못하면 덤벙된다는 인상을 줄 수 있다.

(2) 지원한 곳에 대한 사전조사

면접자는 자신이 지원한곳이 어떠한 곳인지를 사전에 파악하고 적극적으로 회사에 대한 정보를 구해야 한다. 회사에서 개최하는 채용 오리엔테이션에 참가하고 필요하다면 인사담당자에게 직접 연락하여 정보를 얻는 등 적극적인 사전 조사 방법도 괜찮다. 이러한 적극적인 자세는 그만큼 해당 기업에 대한 관심을 나타내기 때문에 영어 면접 시 답변에서도 사전지식을 갖추어야 한다.

사전조사가 중요한 이유는 채용 방식의 변화 때문인데 과거 그룹사별로 공채하던 관행에서 벗어나 계열사별로 채용을 하면서 면접관들이 실무진 위주로 구성되기 때문이다. 실무진 위주로 면접관들이 구성되다보니 현장에 더 가까운 실용적인 질문들이 나오는 경향이 있다. 채용자 입장에서는 새로운 피를 수혈해서 당장 부닥친 문제를 푸는 데 도움을 줄 수 있는 인재를 뽑고자 하는 경우가 많기 때문에 사전지식 없이는 영어를 잘해도 답조차 못하는 질문이 나올수 있다. 따라서 지원한 기업의 현재 사업전략과 당면문제 등을 미리 파악해 두어야 질문에 제대로 대응할 수 있다.

다음의 질문들은 해당 기업의 사업전략과 기업문화를 미리 파악하지 않고서는 답하기 어려운 질문 유형들이다.

Q **How can we gain competitiveness of our newly launched product against our competitor?**
우리의 신제품을 경쟁사에 대응하여 어떻게 하면 경쟁력을 확보할 수 있겠습니까?

A Our company has strong IT infrastructure such as ERP and SCM. These infrastructures support supply chain ability that can adapt in market environment with great flexibility. In addition, we have great distribution partners that enables us to move promptly to the market behavior. With these capabilities, we should be able to launch our new product fast with low cost due to big market volume as well as low inventory. Strategy motto for the newly launched product should be "fast, big, and light".

우리 회사는 ERP와 SCM 같은 강한 IT 인프라를 갖추고 있습니다. 이러한 인프라들은 시장 환경에 탄력적으로 대응할 수 있도록 하는 공급망 능력을 지원해줍니다. 더 나아가, 우리는 훌륭한 유통 파트너들을 가지고 있으며 우리로 하여금 시장 반응에 신속하게 대응할 수 있도록 해줍니다. 이러한 능력들로 우리는 새로운 제품을 큰 시장 볼륨과 낮은 재고 때문에 시장에 재빨리 적은 비용으로 출시할 수 있습니다. 새로운 제품을 위한 전략 모토는 "빠르게, 크게, 그리고 가볍게"가 되어야 합니다.

Point》 전략을 자신이 조사한 회사에 대한 지식을 바탕으로 최대한 구체적으로 제시해야 한다. 회사에 대한 깊이 있는 지식으로 함께 일하고자 하는 열정을 가지고 있다는 것을 보여주어야 한다.

- ERP(Enterprise Resource planning) : 전사적 자원관리
- SCM(Supply Chain Management) : 공급망 관리
- Flexibility : 탄력성
- In addition : 더 나아가
- Promptly : 신속히
- Big market volume : 큰 시장 물량 → Economy of scale : 규모의 경제
- Inventory : 재고

Could you tell us about our product line?

우리 제품라인에 대해서 설명해 주시겠습니까?

> **A** We have two categories which are consumer electronics and Electronic components. Consumer electronics category consist of refrigerator, vacuum cleaner, and MP3 player. Electronic components category consist of microchip and battery.
>
> 우리는 소비자 가전과 전자부품 등 두 개의 부문이 있습니다. 소비자 가전 부문은 냉장고, 진공청소기, 그리고 MP3 플레이어로 구성되어 있습니다. 전자부품 부문은 반도체와 배터리로 구성되어 있습니다.

Point >> 제품들을 생각나는 대로 죽 나열하지 말고 위 예문에서와 같이 계층화하여 설명하도록 한다. 이는 조직을 파악하면 쉽게 파악할 수 있는데 제품들이 어떻게 구성되어 있는지 가능하면 체계적으로 설명하도록 한다. 이러한 답변을 통하여 조직과 제품, 그리고 사업영역에 대한 이해를 하고 있다는 점을 표현하도록 한다.

- Category : 범주, 카테고리, 부문
- Consist of ~ : ~ 으로 구성되다

Could you tell us who we are? and what do you think about our corporate culture?

우리가 누구인지 설명해 주시겠습니까? 그리고 우리기업 문화에 대해서 어떻게 생각하십니까?

> **A** This company is a world leader in business service and IT solution field. Corporate culture is very creative and flexible which enables growth with innovation. In addition, company's corporate culture emphasize greatly on human resources. I recently read an article which was dedicated to the company's 20th anniversary and the contents about corporate culture impressed me so much that I decided to join the company.
>
> 이 회사는 비즈니스 서비스와 IT 솔루션 분야의 세계적인 선두주자입니다. 기업 문화는 매우 창의적이고 탄력적이어서 혁신을 통한 성장을 가능하게 합니다. 더 나아가 이 회사의 기업 문화는 인적자원을 매우 중요시합니다. 저는 최근에 이 회사의 창업 20주년을 기념한 기사를 읽었는데 기업문화에 대한 내용이 너무 인상적이어서 회사에 입사하기로 마음먹었습니다.

Point >> 회사에 대해서 어떻게 생각하는지를 표현하는데 중요한 것은 그렇게 생각하게 된 동기를 개인의 과거 경험 등을 들어 이야기한다.

- Creative : 창의적인
- Flexible : 탄력적인
- Emphasize on ~ : ~을 강조하다
- Human resource : 인적자원
- Dedicate to ~ : ~에 전념하다, ~에 헌납하다
- Impress someone : 누군가를 감동시키다

(3) 최근 이슈가 되는 시사 상식

시사상식은 신문기사와 사설을 매일 읽어 업데이트하는 것이 좋다. 시사와 관련된 문제는 시대흐름에 따라 바뀌는데 큰 흐름을 카테고리 화하여 예상 질문과 답변을 준비할 필요가 있다. 상식을 아는지 물어보는 게 아니라 대부분 의견을 물어보기 때문에 자신의 생각을 일목요연하게 정리하여 둘 필요가 있다.

최근에는 다음의 이슈들이 질문이나 답변에 직간접적으로 연관이 되는 경우가 많은데 이들은 경제위기, 녹색성장, 사회적 책임, 노동시장, 중국시장, 신종플루와 관련된 테마이다. 이들 테마와 관련된 자신의 의견이 어떠한지 미리 생각해두어야 한다.

Q How does low interest rate influence to our economy?

우리경제에 저금리는 어떠한 영향을 미치는가?

A Low interest rate increase money supply in the market. This provides better accessibility to the money for the people and give less burden to the people who already have debt. With this environment, people can spend more money and foster economic growth. However, excessive money supply can cause inflation which makes commodity price increase and giving burden to the people.

낮은 금리는 시장에 돈의 공급을 증가시킵니다. 이것은 사람들에게 돈에 대한 접근성을 높이고 이미 부채를 지고 있는 사람들에게는 부담을 경감시켜줍니다. 이러한 환경에서 사람들은 돈을 더 지출하고 경제성장을 촉진시킵니다. 그러나 과도한 돈의 공급은 인플레이션을 유발하여 물가를 상승시키고 사람들에게 부담이 될 수 있습니다.

Point 》 이러한 질문은 최근 경제위기에 따른 경기짐작과 관련된 질문이고 주로 금융권에서 질문된다.

- Accessibility : 접근성
- Debt : 부채
- Foster : 촉진하다
- Economic growth : 경제성장
- Commodity price : 상품 가격
- Burden : 짐, 부담

Q Why do you think large corporations have negative image?

대기업들이 왜 부정적인 이미지를 가지고 있다고 생각하십니까?

A Not only large companies but Korea society as a whole had little interest in donation and social contribution. We emphasized mainly on economic growth and achieved developed country status from the ashes. Because of this historical background, people perceive large corporations as representative of our modernization and great success. However, people also perceive as rich entity which has few interest in social contribution. I believe that as large corporations increase their interest in social contribution as time goes by, people will change their perception.

대기업들뿐만 아니라 한국 사회 전체적으로 기부와 사회 기여에 대해서 관심이 적었다. 우리는 경제 성장에 주로 집중하였고 재로부터 선진국이라는 지위를 달성하였다. 이러한 역사적 배경 때문에 사람들은 대기업들을 현대화와 큰 성공의 대표로 인식을 하고 있다. 그러나 사람들은 또한 사회적 기여에 관심이 적은 부를 가진 주체로도 인식하고 있다. 대기업들이 점차 사회적 기여에 대해서 관심을 높이면서 사람들의 인식도 바뀔 것이라고 생각합니다

Point 》 이러한 질문은 대기업들의 사회적 책임(Corporate Social Responsibility)을 통한 이미지 개선과 관련된 질문이고 대표적인 재벌 이미지를 가진 그룹의 계열사들에서 자주 질문된다. 자신이 생각하는 바를 얘기하되 지나치게 비판적인 표현은 삼가도록 한다.

- Not only A but B : A 뿐만 아니라 B 또한
- As a whole : 전체적으로
- Donation : 기부
- Social contribution : 사회 기여
- Representative : 대표
- Entity : 주체, 존재
- As time goes by : 시간이 지남에 따라
- Perception : 인식

What do you think about job sharing?

잡 셰어링에 대해서 어떻게 생각하십니까?

A If the policy is implemented in a right way, it should be beneficial to both the company and employee. For example, If the market demand is volatile and currently there are less demand but expected to rebound soon, company can keep skilled manufacturing workers for future resource when the business is at peak. Also, employees will feel more secure at their job and company loyalty as well as team work will improve.

정책이 적절히 잘 도입된다면 회사와 고용인들 둘 다 이익이 될 것입니다. 예를 들어, 만약 시장 수요가 불안정하고 현재는 적은 수요가 있지만 곧 회복될 것으로 예상된다면, 회사는 미래에 사업이 최고조일 때를 위한 미래 자원으로서 숙련된 생산 노동자들을 유지할 수 있습니다. 또한, 고용자들은 일자리에 대해서 안정감을 갖고 회사 충성도와 팀웍이 개선될 것입니다.

Point 》 이러한 질문은 노동시장과 관련된 질문으로 노조에 대한 의견을 물어보기도 한다. 이러한 유형의 질문은 균형 감각을 가지고 답변을 하는 게 좋고 회사 입장에서도 어떠한 이익이 있을지를 자신의 생각과 함께 표현한다. 자신의 주장을 뒷받침하는 사례 등을 들도록 한다.

- Implement : 도입하다
- Beneficial to ~ : ~에 유익하다
- For example : 예를 들어
- Expect : 기대, 예상
- Rebound : 다시 일어서다
- Peak : 최고 정점, 절정
- Feel secure : 안전하게 느끼다
- Loyalty : 충성

Q What strategy do you suggest for us to succeed in China market?

우리가 중국 시장에서 성공하려면 어떠한 전략을 제시하겠습니까?

A China economy is still growing fast and there are huge population of potential customers with great purchasing power. We shouldn't focus on cheap products anymore but rather good quality products which target new population that benefited from rapid economic growth. Also, we should pay attention to localization and figure out what kind of demands there are in the market.

중국 경제는 아직 빠르게 성장하고 있으며 큰 구매력을 가진 잠재고객들이 많이 있다. 우리는 더 이상 저가 상품에 초점을 맞춰서는 안 되고 오히려 품질 좋은 상품으로 경제성장의 혜택을 받은 새로운 인구를 겨냥해야 한다. 또한, 우리는 현지화에 신경을 써서 시장에서 어떠한 요구들이 있는지를 파악해야 한다.

Point ≫ 중국 내수시장의 성장과 관련된 질문으로 주로 제조업에 종사하는 기업들에서 자주 질문된다.

- Population : 인구
- Customer : 고객
- Purchasing power : 구매력(물건을 살 수 있는 능력)
- Focus on ~ : ~에 초점을 맞추다
- Benefit : 혜택
- Pay attention to ~ : ~에 신경을 쓰다
- Localization : 현지화
- Figure out ~ : ~을 파악하다
- Demand : 요구

03 면접기출

1 1차 면접(직무면접)

(1) 관능검사

맛을 구별하는 능력 평가로 크게 소금물 농도를 5단계로 하고 진한 순서부터 찾는 테스트, 샘플과 같은 맛을 고르는 테스트, 제시된 시료 향을 파악하는 테스트 등으로 구성되며 매년 문제가 달라진다.

(2) 영어면접

① 지원동기를 말해보시오.

② 이곳에 어떻게 왔는가?(이동방법)

③ 본인이 지원한 부서에서 하는 일이 무엇인지 말해보시오.

④ 글로벌 시장으로 진출하는 것에 대해 어떻게 생각하는가?

⑤ 제과제빵에 관심을 갖기 시작한 것은 언제이고, 그 계기는 무엇인가?

⑥ 우리 회사 커피 브랜드 이름을 알고 있는가?

⑦ 우리 회사 제품 중에 어떤 것을 좋아하는가?

⑧ 인턴을 한 경험이 있는데, 어땠는가?

⑨ 자신의 강점과 약점이 무엇인가?

⑩ 해외 경험에서 뭘 느꼈는가?

⑪ 해당 전공을 선택한 이유는?

⑫ 한국에서 추천해줄만한 곳은?

⑬ 외국에서 일 하는 것에 대해 어떻게 생각하는가?

⑭ SPC브랜드 중 가장 좋아하는 브랜드는?

⑮ 가장 자신 있는 제2외국어는?

(3) 수행과제(PT)

지원한 부서와 상관없이 SPC그룹과 관련하여 개선점이나 미흡한 요소에 대해 PPT작성 후 발표하는 방식이다. 주제는 주로 자유주제로 주어지지만 본인이 지원한 부서에 대해 과제를 작성하고 발표하는 것을 추천한다.

① 우리 회사 제품에 대한 평가 의견서를 제출하고 발표하시오.

② 마케팅 아이디어를 제안하시오.

③ 우리 경쟁사는 어디이며 왜 그렇게 생각하는지 발표하시오.

④ 본인이 생각하는 우리 회사 경쟁사와 우리 회사의 차이점은 무엇이고 그렇다면 우리 회사의 개선점은 무엇인지 발표하시오.

⑤ 신제품 아이디어를 제안하시오.

⑥ 반한 감정이 강한 일본 도쿄 한복판에 해외 지점을 만들려고 한다. 일본인에게 어떤 방법으로 다가가면 좋을지 방안을 제시하시오.

⑦ 커피의 아웃도어 세일 방안을 제안하시오.

⑧ HMR시장에서 파리바게뜨가 해야 할 영업전략을 제안하시오.

⑨ 점포를 방문 후 문제점을 도출하고 개선점을 제시하시오.

⑩ 인턴 경험이 있는 타사와 비교하여 파리바게뜨의 강점에 대해 발표하시오.

⑪ 아랍지역에 파리바게뜨가 진출할 방법을 모색하시오.

2차 면접(임원면접)

① 1분 동안 자기소개를 하시오.

② SPC그룹에 지원한 동기는 무엇인가?

③ 자신이 생각하는 리더란 어떤 사람인가? 그리고 그것을 기업에 어떻게 활용할 것인지 말해보시오.

④ 성적이 낮은데 그동안 무엇을 했는가?

⑤ SPC그룹의 개선점은 무엇이라고 생각하는가?

⑥ 파리바게트나 베스킨라빈스 등의 골목상권 침해에 대해 어떻게 생각하는가?

⑦ 구매(영업, 생산관리, 품질관리, 대외협력 등)에 대해 어떻게 생각하는가?

⑧ 이곳 말고 어디어디 지원했는가?

⑨ (지원한 곳이 적다면) 왜 그것밖에 지원을 하지 않았는가?

⑩ 이곳에 왜 왔는가? 만약 다른 곳에 붙으면 그곳에 갈 것인가?

⑪ 회사 근처 저가 커피 판매 카페에 대한 대책은?

⑫ 창업을 생각하는 은퇴한 직장인에게 파스쿠치 창업을 어떻게 권유할 것인가?

⑬ SPC그룹의 가장 큰 경쟁사는 어디인가?

⑭ 인턴 경험 없이 내세울 수 있는 자기 강점이 있는가?

MEMO

MEMO

여러분을
응원합니다

수험서 전문출판사 **서원각**

를 위해 나아가는 수험생 여러분을 성심껏 돕기 위해서 서원각에서는 최고의 수험서 개발에 심혈을 기울이고 있습 니다. 희망찬 미래를
서 노력하는 모든 수험생 여러분을 응원합니다.

무원 대비서

취업 대비서

군 관련 시리즈

자격증 시리즈

동영상 강의

서원각 동영상강의와
도전하라!

🎥 **www.sojungmedia.com**
홈페이지에 들어오신 후 서원각 알짜 강의, 샘플 강의를 들어보세요!

자 격 증	군 관 련 (부사관/장교)	공 무 원
건강운동관리사	육군부사관	소방공무원 소방학개론
사회복지사 1급	공군장교	소방공무원 생활영어
사회조사분석사 2급	공군 한국사	9급 기출해설(국어/영어/한국사)
임상심리사 2급	육군·해군 근현대사	9급 파워특강(행정학개론/교육학개론)
관광통역안내사		기술직 공무원(물리·화학·생물)
청소년상담사 3급		

BIG EVENT

시험 보느라 고생한 수험생 여러분들께 서원각이 쏜다! 쏜다!
네이버 카페 기업과 공사공단에 시험 후기를 남겨주신 모든 분들께 비타 500 기프티콘을 드립니다!

물 받는 방법

네이버 카페 검색창에서 [기업과 공사공단]을 검색해주세요.

기업과 공사공단 필기시험 후기 게시판에 들어가 주세요.

기업체 또는 공사·공단 필기시험에 대한 후기 글을 적어주세요.

자격증 BEST SELLER

매경TEST 출제예상문제

TESAT 종합본

청소년상담사 3급

임상심리사 2급 필기

유통관리사 2급 종합기본서

직업상담사 1급 필기 · 실기

사회조사분석사 사회통계 2급

초보자 30일 완성 기업회계 3급

관광통역안내사 실전모의고사

국내여행안내사 기출문제

손해사정사 1차 시험

건축기사 기출문제 정복하기

건강운동관리사

2급 스포츠지도사

택시운전 자격시험 실전문제

수산물품질관리사